AF452300

RECONNAISSANCES

ET

DIALOGUES MILITAIRES.

RECONNAISSANCES

ET

DIALOGUES MILITAIRES

A L'USAGE DES

Officiers et Sous-Officiers de toutes Armes

en Campagne

OU LE

VADE-MECUM DE L'OFFICIER EN CAMPAGNE

EN FRANÇAIS, FLAMAND & ALLEMAND

PAR

ÉMILE REUTER

LIEUTENANT AU RÉGIMENT DES CARABINIERS

BRUXELLES

C. MUQUARDT, ÉDITEUR

HENRY MERZBACH, SUCCESSEUR, LIBRAIRE DE LA COUR

PARIS

AUG. GHIO, Quai des Grands Augustins, 41

1872

ANVERS. — IMP. J.-E. BUSCHMANN.

PRÉFACE.

Ce recueil comprend les différentes reconnaissances que l'officier est appelé à faire dans le cours d'une campagne ; il donne des règles de conduite pour la plupart des cas qui peuvent se présenter à la guerre ; en le publiant l'auteur a eu pour but de fournir à l'officier les moyens de compléter une reconnaissance ou de remplir l'objet d'une mission quelconque par des renseignements verbaux, souvent les seuls à obtenir. — L'auteur donne l'allemand (¹) dans son manuel, parce que la connaissance approfondie du flamand facilite l'étude de cette langue ; le flamand, peut d'ailleurs être appelé la clef de l'allemand, et en un mot, de toutes les langues germaniques ; car quiconque en Belgique connaît la langue du pays, apprendra en quelques semaines l'allemand.

Dans le pays flamand, il n'est pas une seule école où l'on n'apprenne les rudiments de la langue française, il en est de même dans les écoles wallonnes à l'égard de la langue flamande ; s'il appartient

---

(¹) L'allemand a été donné en lettres françaises dans cet ouvrage, afin de faciliter l'étude de cette langue et de permettre à chacun de la lire sans avoir recours à un aide.

d'ailleurs à tout bon patriote de comprendre ses concitoyens, et de se faire comprendre par eux ; l'on doit, une fois ce devoir rempli, chercher à étendre ses connaissances linguistiques, et profiter de la grande facilité qu'offre le flamand pour l'étude de l'allemand.

Un écrivain a dit : « Un officier ayant appris sa langue maternelle » à fond, et par principe, et qui, mieux que cela, a *appris à* » *apprendre*, peut facilement rapporter l'idiome étranger à celui » qui lui est familier, et ses connaissances diverses lui facilitent » l'intelligence des phrases relatives aux objets de ses investigations. »

Guidé par la seule ambition d'être utile aux camarades de l'armée, à ceux surtout qui ont le désir sincère de se consacrer sérieusement à la carrière des armes, l'auteur sera largement encouragé si son travail répond au but pour lequel il est écrit ; plusieurs bons ouvrages ont été consultés, et les précieux renseignements recueillis, feront, i ose l'espérer, apprécier davantage encore l'utilité et la nécessité d'un semblable manuel.

La préface renferme la description de tout ce qui est relatif au contenu de l'ouvrage, ces articles étant en grande partie puisés dans l'ouvrage du Colonel DE BRACK, l'auteur fait remarquer au lecteur, qui pourrait rencontrer certaines irrégularités dans le style, que cet officier a dit dans l'avant-propos de son ouvrage : « Quant à sa » rédaction, je l'abandonne à la critique ; je n'ai pas voulu faire un » livre, mais être clair et instructif. — J'ai cru, surtout, que la » promptitude de rédaction ajouterait à l'utilité du précepte, et j'ai » jeté à la hâte sur le papier mes souvenirs qui s'offrent là comme » dans ma mémoire, etc., etc. »

ÉMILE REUTER.

DES RECONNAISSANCES [1].

(Traits principaux à observer dans les objets tant naturels qu'accidentels, qui composent les localités d'un terrain.)

—

Bois.

Leur nature, leur étendue, la nature du sol sur lequel ils croissent, s'ils sont fourrés; la manière dont ils sont situés par rapport à la route que l'on a tenue pour y venir; s'il y a des villages à portée; si beaucoup de chemins les traversent ou s'y croisent; où ils mènent, et d'où ils viennent.

Montagnes.

Leur nature, boisées ou non boisées; pierreuses, terreuses ou rocailleuses; si elles dominent la route en avant, ou de quel côté; si leur pente est douce ou rapide; si le chemin par lequel on y parvient monte droit, ou se tourne le long des flancs de la hauteur; si, au sommet, le plateau est une plaine; s'il est boisé, quelle étendue il a; si l'on redescend bien vite de l'autre côté; si des montagnes plus hautes les dominent.

Rivières et Ruisseaux.

Leur largeur; leur direction par rapport aux chemins; la nature des bords; lequel des deux domine l'autre; si la rivière est encaissée; si elle coule à travers des prairies; si ces prairies sont toujours praticables, ou simplement dans quelque temps de l'année, par le grand froid ou la grande sécheresse; les ponts ou gués qu'il peut y avoir à une lieue à droite ou à gauche; le nom des lieux, ou des villages; où ils sont établis; s'ils sont propres au passage de l'artillerie.

Plaines.

A peu près leur étendue; à peu près le nombre de villages qu'on y peut apercevoir; la nature du terrain; si ce ne sont simplement que des champs, ou bien si des prairies, des étangs, des lacs, de simples flaques d'eau n'y sont pas entremêlés. On sent combien il est important pour une troupe de cavalerie qui doit, sans tâtonner, se porter partout avec une grande célérité, de connaître parfaitement d'avance le terrain sur lequel elle arrive, et de ne pas être arrêtée, au milieu de ses mouvements, par des obstacles imprévus; il suit de là que les officiers ou sous-officiers, chargés de reconnaissances, doivent s'assurer de la manière dont les champs sont enclos, et savoir si des fossés trop larges ne coupent ou ne séparent pas ces champs.

Chemins.

Leur nature : s'ils vont droit ou s'ils serpentent; ce qui les borde à droite et à gauche, à la portée du canon; si, resserrés entre des gorges, ils ne forment pas des chemins creux, la largeur du front sur lequel on peut y passer.

[1] De Brack, colonel de cavalerie.

Villes.

Leur position ; les localités environnantes ; si elles ont des murailles, des portes ; si l'on pourrait s'y défendre, établir un poste, les routes qui y aboutissent.

Bourgs et Villages.

Leur situation ; les localités environnantes ; la disposition des maisons ; si elles sont séparées par leurs jardins ; si les jardins sont entourés de haies, de murailles, de barrières ; combien il y a de maisons massives, et leur situation ainsi que celle de l'église et du cimetière — Si le cimetière est entouré de murailles ; enfin si une rivière, un ruisseau, traversent ces villes, bourgs et villages, ou les entourent.

DES GUIDES (¹).

D. Quand faut-il prendre des guides ?

R. Toutes les fois qu'on ne connaît pas parfaitement le terrain sur lequel on opère, et surtout, s'il est possible de les avoir montés, afin de ne pas subordonner la vitesse de sa marche à celle du pas d'un homme à pied.

D. Faut-il changer de guide ?

R. Dans le cas où un guide connaît bien le pays, il faut le conserver, pendant tout le temps que dure l'expédition, surtout si elle est délicate.

D. Si dans une expédition délicate, votre guide venu de loin, se trouve dans un pays qu'il ne connaisse plus, que faut-il faire ?

R. En prendre un autre, mais emmener toujours avec soi le premier qu'on ne relâche qu'après l'expédition terminée, pour qu'il ne puisse pas trahir le secret de la marche.

D. Quelles précautions prenez-vous avec un guide ?

R. La sévérité des précautions qu'on prend avec un guide dépend, tout-à-fait, du plus ou moins d'importance et de danger de l'expédition. — Le guide qui conduit, en temps de paix ou en temps de guerre, sur les derrières d'une ligne d'opération, doit marcher librement, et en tête de la colonne.

D. Et le guide qui conduit une reconnaissance ?

R. Il doit marcher près de l'officier commandant, et sous la garde spéciale d'un sous-officier, et d'un brigadier, qui auront constamment les yeux sur lui. Il ne faut pas oublier, qu'en pays ennemi surtout, un guide tâchera toujours de vous échapper s'il peut le faire facilement et sans danger.

D. Si le guide est à pied que fait-on ?

R. On l'attache par le bras gauche, avec une longue corde à fourrage, dont l'autre bout est fixé à l'arçon de la selle du brigadier, le sous-officier le sabre à la main et les fontes découvertes, marche à côté de lui.

D. Si le guide est à cheval que fait-on ?

R. On attache l'une de ses jambes à l'un de ses étriers, afin que dans un chemin difficile, il ne puisse pas sauter à terre et s'échapper ; puis on remet les rênes de son cheval au brigadier qui marche à sa gauche, et qui le conduit ainsi pendant tout le temps que dure l'expédition.

D. Si, tout-à-coup, on aperçoit sur le visage du guide de nouvelles émotions, que doit-on faire ?

R. Le prévenir que, s'il trahit, il sera fusillé sans remise.

D. Et si l'on craint qu'il ne conduise le détachement dans une embuscade ?

R. On lui fait observer qu'en marchant à la tête de la colonne, s'il est fait une décharge sur le détachement ; il sera le premier tué.

(¹) DE BRACK.

D. Pourquoi employez-vous deux hommes à la conduite d'un guide déjà si bien surveillé ?

R. C'est que le terrain est souvent difficile, et que s'il vous force à marcher par un, il est indispensable que le guide soit précédé et suivi.

D. Permettez-vous au guide de suivre un sentier longeant la route que tient la colonne ?

R. Règle générale : il faut que le guide marche sur le même terrain que la colonne, surtout si le pays est occupé, si l'on cotoie des bois, de larges fossés, des ravins etc. :

D. Donnez-vous la conduite des guides au premier sous-officier, caporal ou brigadier venu de votre détachement ?

R. Non, mais au plus intelligent, parce qu'il doit constamment lire sur le visage de ce guide.

D. Permettez-vous que l'on cause avec le guide ?

R. Non, vous défendez qu'on l'interroge, et qu'on réponde aux questions qu'il pourrait adresser, puis vous désignez des hommes spéciaux pour correspondre avec lui, et vous choisissez ces hommes parmi ceux qui savent le mieux la langue du pays, et que vous supposez les plus discrets.

D. Dans une expédition délicate, faites-vous interroger le guide devant votre détachement ?

R. Non, je l'interroge à part.

D. Comment interroge-t-on un guide ?

R. Très lentement, et en le fixant ; s'il ne comprend pas bien les questions qu'on lui adresse, on les change avec patience, de manière à arriver à obtenir une réponse utile.

D. Comment traitez-vous un guide ?

R. Très doucement ; vous ne le laissez manquer de rien, et si, au retour, vous avez été content de lui, et que vous puissiez lui rendre un service, ou lui donner de l'argent, vous ne négligez pas de le faire.

Souvent en pays ennemi, des paysans pour ne pas servir de guide, disent qu'ils ne savent pas le chemin. Ne soyez pas dupes de ce mensonge, effrayez et emmenez avec vous les prétendus ignorants, jusqu'à ce que vous ayez trouvé des guides plus utiles.

DES ESPIONS, DES ENVOYÉS SECRETS [1].

D. A quoi faut-il subordonner l'emploi des espions, et le degré de confiance qu'on a en eux ?

R. Au pays dans lequel on se trouve ; aux intérêts que les habitants ont à vous servir ; à l'opinion que ces habitants ont de votre force. Il faut, de plus, mettre un grand soin, une grande finesse, dans l'usage que vous faites de ces espions ; autrement, il serait à craindre que vos secrets ne fussent promptement apportés à l'ennemi. Il faut, pour ainsi dire, lorsqu'on est dans une position aventurée, attendre le retour d'un espion avec les mêmes précautions que celui d'une reconnaissance, car il peut être suivi de l'ennemi, et vous valoir une attaque d'autant plus dangereuse, qu'elle serait plus éclairée et plus sûre.

D. Il ne faut donc pas prendre le premier venu pour faire ce métier ?

R. Non. Il faut d'abord tâcher de connaître sa famille, ses alentours, et par eux sa moralité, les relations qu'il peut avoir du côté de l'ennemi ; puis, essayer de le séduire en l'intéressant à notre cause par de bons traitements,

[1] De Brack.

des cadeaux, des espérances, et par l'opinion qu'on lui donne des succès certains de notre armée. Il faut aussi, sans l'en menacer cependant, lui donner l'idée que s'il trahissait, on pourrait prendre sa revanche sur sa famille, sur ses biens, etc :

D. Faut-il d'abord essayer un espion dans de petites missions peu importantes et peu dangereuses ?

R. Oui ; et à son retour, être très fidèle à remplir exactement, et promptement les engagements qu'on a pris envers lui. Quand on l'a reconnu intelligent et dévoué dans ces missions peu dangereuses, on le charge de plus importantes.

D. Lorsqu'on a de nombreuses informations à prendre sur l'ennemi, en charge-t-on le même espion ?

R. Il faut d'abord apprécier le degré d'intelligence de l'homme auquel vous confiez une mission. — Si cette intelligence est bornée, il faut restreindre la besogne dont vous le chargez ; ensuite il est dangereux de mettre votre secret tout entier dans une même main. Il vaut donc mieux, sous tous les rapports, employer plusieurs espions que vous faites partir à des heures différentes, que vous dirigez sur des points différents, et de manière à ce qu'ils n'aient aucune intelligence entre eux.

D. Si vous avez des raisons de vous défier de l'un deux, faut-il l'arrêter ?

R. Pas toujours ; mais bien le charger d'une fausse mission, qui lui fasse soupçonner l'arrivée de nombreux renforts sur un point, menaçant l'ennemi, et de l'exécution prochaine d'une manœuvre stratégique qui doit compromettre cet ennemi dans la position qu'il occupe.

D. Donnez-vous des instructions écrites à un espion ?

R. Pour une fausse mission, oui, et dans ce cas, vous les concevez de manière à ce que l'ennemi s'en emparant, leur lecture serve vos projets.

D. Et pour une mission véritable ?

R. Jamais ; les instructions ne doivent être que verbales.

D. Parmi quels hommes choisissez-vous vos espions ?

R. Le plus possible parmi ceux dont l'ennemi doit le moins se défier ; ainsi les maîtres de poste, les postillons, les conducteurs de voitures publiques, les marchands qui sont connus dans le pays, peuvent être fort utiles, parce qu'ils seront naturellement moins suspects que des hommes qui, dans le cas où ils seraient pris, ne pourraient justifier de leur course, et se recommander de personne.

D. A quoi reconnaissez-vous les espions que l'ennemi vous envoie ?

R. A leur manière de regarder. — A l'attention qu'ils portent à ce qui se passe dans votre bivouac — Aux prétextes frivoles qu'ils prennent pour y pénétrer. — A leur émotion, si vous les arrêtez. — Au peu de sûreté dans leurs réponses, si vous les interrogez, et surtout s'ils croient que vous les reconnaissez. — Souvent à l'argent qu'ils ont la maladresse de porter sur eux. — A l'empressement qu'ils mettent à détruire une instruction dont ils sont porteurs.

D. En Allemagne quelle espèce d'hommes fait le plus habituellement ce métier ?

R. De pauvres juifs.

D. Quel prétexte prennent-ils le plus souvent pour entrer dans les bivouacs ?

R. Celui d'acheter et de vendre. — Ils demandent souvent à acheter les peaux des bêtes etc.

D. Sur le moindre soupçon de ces espionnages que faut-il faire ?

R. Arrêter sur le champ l'homme soupçonné ; lui faire subir plusieurs interrogatoires sévères et contradictoires ; de manière à voir s'il se coupe dans ses réponses, et l'envoyer, sous bonne escorte, au commandant de l'avant-garde, avec un rapport qui contienne l'interrogatoire, et votre opinion.

D. Lorsque des détachements de votre armée, étant éloignés les uns des autres, il est pressant qu'ils communiquent entre eux; qu'ils ne peuvent le faire par des moyens ordinaires, qu'en perdant un temps précieux, et compromettant ainsi l'utilité de la communication, quel parti prend-on?

R. On charge de la mission un envoyé secret; mais la démarche est d'autant plus délicate et périlleuse, que cet envoyé est porteur de détails plus confidentiels et plus importants. — C'est pour cela qu'il serait fort utile, lorsqu'un corps est détaché, et qu'on suppose qu'on pourra se trouver dans l'obligation de correspondre avec lui par envoyé secret, de convenir davance avec son chef d'un chiffre dont on gardera précieusement le double.

D. N'emploie-t-on pas quelquefois de faux envoyés secrets?

R. Oui ; mais le cas est bien rare, parce qu'il faut de la part de ceux-ci un bien grand dévouement pour jouer ce rôle dangereux et remettre à l'ennemi des notes fausses, et qui lui fassent prendre une détermination importante, et contraire à ses espérances. Si cependant un cas grave se présentait, on pourrait employer cette ruse de guerre; mais il faudrait choisir un envoyé plein de courage, de fermeté et de finesse.

D. Que doit-on recommander aux soldats, lorsqu'on craint l'espionnage?

R. On doit défendre leurs rapports trop intimes avec les habitants; les prévenir de se défier de leurs questions, de ne jamais y répondre lorsqu'elles roulent, et peuvent l'éclaircir sur notre position. — On doit leur ordonner aussi d'arrêter les personnes qui les feraient boire, et les interrogeraient ensuite.

TERMES (¹)

DONT ON SE SERT HABITUELLEMENT EN FORTIFICATION, ET DANS LES RAPPORTS LORSQU'ON A ÉTÉ CHARGÉ D'UNE RECONNAISSANCE (¹).

On appelle angle flanqué un angle saillant, dont le sommet est protégé par les feux qui se croisent en avant sur sa capitale.

La capitale est la ligne, qui partage en deux parties égales l'angle flanqué d'un ouvrage.

Les faces sont les côtés de l'angle flanqué.

Les flancs sont en arrière des faces auxquelles ils tiennent, et avec lesquels ils forment un angle.

La gorge est l'ouverture qui sert d'entrée à un ouvrage.

D. Qu'est-ce que le rédan?

R. C'est un ouvrage composé de deux faces formant un angle ouvert à la gorge; il sert à couvrir les grand'gardes, les postes avancés.

D. Qu'est-ce que la lunette?

R. C'est un ouvrage composé de deux faces et de deux flancs ouvert à sa gorge.

(¹) de Gaudi, général-major au service de Prusse, s'exprime comme suit : s'il n'est pas absolument nécessaire à un officier, de connaître à fond l'art de fortifier les places, il est du moins indispensable, qu'il soit parfaitement instruit de tout ce qui contribue à la sûreté des petits postes, dont la défense pourrait lui être confiée ; qu'il sache tracer et construire des rédans, des redoutes, des têtes de ponts et d'autres ouvrages de cette espèce ; et mettre en état de défense un cimetière, une église, une maison, un château, un bourg, un village, une ville, etc.

(¹) DE BRACK.

La lunette sert à couvrir les débouchés d'un pont ou de tout autre défilé, une digue, etc.

D. Qu'est-ce que la redoute?

R. C'est un ouvrage entièrement fermé, dont la forme varie suivant les circonstances. La redoute est le plus souvent carrée.

D. Qu'est-ce qu'un fort étoilé?

R. C'est une espèce de redoute qui affecte la forme d'une étoile. On en fait à quatre, à cinq, six et huit pointes; ceux d'un plus grand nombre de côtés sont, en général, susceptibles d'une plus longue défense, elles ont plus de capacité et peuvent recevoir un plus grand nombre de défenseurs.

D. Qu'est-ce que les palissades?

R. Ce sont des prismes de bois triangulaires aiguisés par un bout, longs de 2 mètres 8 centimètres, à 3 mètres; on les place dans le fond des fossés, à la gorge des ouvrages, dans les chemins couverts; on les plante verticalement la pointe en haut.

D. Qu'est-ce que les fraises?

R. Ce sont les mêmes pièces que les palissades, mais dans une position différente. On les place ordinairement dans les parapets, extérieurement inclinées vers le fond du fossé!

D. Qu'est-ce que les abattis?

R. Ce sont des arbres coupés auxquels on laisse seulement les principales branches, qu'on aiguise par le bout. On les place sur les glacis, en avant des ouvrages, ou pour boucher une trouée; ou pour obstruer un passage. On les entrelace, en présentant le bout des branches à l'ennemi, et on les fixe avec des piquets.

D. Qu'est-ce que les palanques?

R. C'est un ouvrage formé de troncs d'arbres jointifs, derrière lesquels on élève de la terre pour faire une banquette, et où l'on pratique de mètre en mètre des créneaux pour tirer des coups de fusil.

D. Qu'est-ce que les trous de loups?

R. Ce sont des trous coniques de 2 mètres de large, et de 1 mètre 65 centimètres de profondeur, au fond desquels est un piquet, disposés en quinconce sur trois rangs en avant des ouvrages.

D. Qu'est-ce que les chevaux de frise?

R. Ce sont des poutrelles à quatre ou six pans traversées par des lances en bois ferrées par le bout, sortant de 1 mètre 65 centimètres. On les place à la gorge des ouvrages.

D. Qu'est-ce que les petits piquets?

R. Ce sont des piquets placés irrégulièrement, à 30 centimètres de distance les uns des autres inclinés du côté de l'ennemi, saillant de 60 centimètres à 1 mètre.

D. Qu'est-ce que les chausse-trapes?

R. Ce sont des machines en fer à quatre pointes de 10 centimètres de longueur, placées de manière que l'une soit toujours relevée.

D. Qu'est-ce que les fougasses?

R. Ce sont de petits fourneaux remplis de poudre qu'on enterre de 3 à 4 mètres; on les charge de terre jusqu'au niveau du terrain, et on les fait sauter quand l'ennemi est arrivé dessus.

DES QUESTIONS A FAIRE (¹).

On ne peut apporter trop de soins aux questions qu'on adresse, parce que dans tel ou tel cas, les réponses qu'elles provoquent décident d'une action grave. Tout savoir, faire la part du vrai et du faux, de l'important et de l'inutile, est un talent en guerre, une des qualités les plus précieuses d'un officier d'avant-garde.

D. Quel est le premier soin qu'on doit avoir lorsqu'on interroge ?

R. C'est de juger les dispositions morales de celui qui va vous répondre.

D. En quoi cet examen importe-t-il ?

R. En ce qu'il décide de la nature, de la forme, et du ton des questions qu'on doit adresser.

D. N'y a-t-il rien de plus à reconnaître ?

R. Si, le plus ou moins d'intelligence du questionné, cette circonstance devant aider au développement, et à l'importance des questions.

D. Vous modifiez sans doute votre manière d'interroger suivant le pays dans lequel vous êtes ?

R. Oui. En général il vaut mieux commencer toujours l'interrogatoire doucement, mais de manière à inspirer à l'interrogé la conviction qu'il ne pourra nous tromper. Il va, sans dire, que si la guerre se fait dans notre pays, nous ne devons pas interroger comme si nous étions en pays ennemi, et que si elle se fait en pays ennemi, il y a encore des distinctions à faire entre telles ou telles contrées, telles ou telles classes d'individus, qui nous sont plus ou moins opposées ou favorables. — Il faut penser en interrogeant, que ce que nous aurons demandé, ou dit, sera répété, et songer à l'impression utile ou défavorable à notre cause que cela pourra faire. — Souvent un interrogatoire maladroit a produit un résultat inverse à celui qu'on en attendait : l'interrogateur s'étant trouvé lui-même sur la sellette, sans s'en douter, et ses interrogations lui ayant été fatales, parce que, répétées à l'ennemi par l'interrogé, elles ont servi à faire connaître les projets, et à les combattre.

D. Quand on arrive dans un village, qui d'abord interroge-t-on ?

R. Le bourgmestre, ou celui qui en remplit les fonctions, le maître de poste, le curé, le maître d'école, les hommes désignés pour avoir servi de guides à l'ennemi.

D. Quelle est à peu près la série des questions qu'on leur adresse ?

R. Les questions toujours proportionnées à l'intelligence des interrogés sont : Où est l'ennemi ? Que sait-on de sa marche, de ses dispositions militaires, de ses forces numériques, de ses dispositions morales ? A-t-il de l'infanterie, de la cavalerie, des canons, quels numéros portent l'infanterie, la cavalerie, etc. ? Les chevaux sont-ils maigres, les hommes fatigués ? Quelle langue parlent ces hommes ? D'où viennent-ils ? Y a-t-il parmi eux beaucoup de soldats qui parlent français ? L'ennemi bivouaque-t-il, ou couche-t-il dans les maisons ? Comment se garde-t-il ? Envoie-t-il des reconnaissances ? Ces reconnaissances ont-elle poussé jusqu'au village où l'on se trouve ? Comment s'y sont-elles présentées ? Étaient-elles nombreuses ? Qu'y ont-elles fait ? Qu'y ont-elles dit ? Comment étaient habillés les hommes qui les composaient ? Quelles informations ont-elles prises ? Par où sont-elles arrivées, et par où se sont-elles retirées ? Où ont-elles été en quittant le village ? Y ont-elles passé la nuit, et comment se sont-elles établies ? L'ennemi est-il proche ? Envoie-t-il des reconnaissances régulières ? Arrivent-elles à la même heure, chaque jour,

<hr>

(¹) Burgeaud a dit : « Les officiers feront des théories à leurs soldats, afin qu'ils s'accoutument à porter leur attention sur tous les indices qu'on peut rencontrer et à en rendre compte. » De Brack.

en même nombre, et par les mêmes routes ? Comment est la route qui conduit à l'ennemi ? S'y trouve-t-il des bois, des ravins, des ponts; des villages ? Où sont-ils situés ? Peut-on arriver à ces défilés en faisant un détour, et sans passer par la route tenue par l'ennemi ? Est-il sur le qui-vive ? L'ennemi a-t-il pris des chevaux aux maîtres de poste ? S'est-il servi de ses postillons ou de tout autre homme du village comme guides? Où s'est-il fait conduire ? Quelles questions a-t-il faites à ses guides ? Les a-t-il maltraités ? Les guides l'ont-ils vu inquiet et triste ? Qu'elles précautions prenait-il dans sa marche ?

D. N'y a-t-il pas d'autres questions à faire ?

R. Si, celà dépend de la position dans laquelle on se trouve; les ordres qu'on a reçus, doivent souvent précéder, ou même remplacer les sus-indiquées.

D. Quelles sont-elles ?

R. Toutes celles relatives à la configuration topograghique des lieux qu'on parcourt ainsi : où sont situés telle ville, tel bourg, tel village ? Quelle est leur population, leurs ressources ? A quelle distance se trouvent-ils entre eux, et du lieu où l'on est ? Combien de temps faut-il pour y aller à pied ? Les routes qui y conduisent sont-elles bonnes, larges, pavées ? Y a-t-il des villages, des hameaux, des fermes intermédiaires ? Sont-ils riches ? Pour s'y rendre faut-il traverser des bois, des plaines, des rivières ? Y a-t-il des gués, des ponts ? Qu'elle est leur nature ? Peut-on se tromper de chemin? Lequel faut-il prendre ? Y a-t-il des montagnes ? Quelle est la nature des routes qui les gravissent?

D. Faut-il interroger les hommes qu'on appelle, ensemble ou séparément ?

R. Séparément. — Porter une grande attention comparative à leurs réponses ; si l'on s'aperçoit qu'elles soient peu conformes entre elles, les approfondir avec soin et finesse ; et si l'on a des soupçons motivés sur leur fausseté, arrêter ceux qui les ont faites, et les emmener avec soi sous bonne garde.

D. La série de questions, dans telles ou telles circonstances, qui sont en apparence les mêmes, doit-elle être uniforme?

R. Elle varie autant que la position et la nature des ordres qu'on a reçus. — Souvent on est obligé, pour arriver à une connaissance exacte des faits, de plaider le faux pour savoir le vrai ; et souvent même un partisan aventuré, qui ne veut pas se faire reconnaître pour être de telle ou telle nation, est obligé de prendre le langage de l'ennemi sur les derrières duquel il se trouve, et d'interroger les habitants comme s'il faisait partie d'un corps prussien, russe, autrichien, etc., etc. Dans ce cas, on ne met en rapport avec les personnes interrogées que ceux de nos hommes qui parlent très bien la langue du pays, et on interdit sévèrement aux autres toute communication. — C'est au plus ou moins d'intelligence du questionneur à juger de la forme, de la nature, de la sévérité et de la douceur des questions qu'il adresse : l'important est d'arriver à la connaissance de la vérité.

D. Quelles questions adressez-vous à un déserteur ?

R. Je lui demande : 1° le N° ou le nom de son régiment, sa force; 2° la brigade à laquelle il appartient, le nom du général qui la commande; 3° de quelle division cette brigade fait partie, le nom de celui qui commande cette division ; 4° à quel corps d'armée appartient cette division, le nom, le grade du général en chef et le siège de son quartier général; 5° si le régiment, la brigade ou la division cantonnent, campent ou brivouaquent, si le corps est posté, on demandera s'il est couvert par beaucoup d'avant-postes, s'il se garde avec soin, enfin s'il est retranché; 6° quels sont les corps d'armée ou divisions à la droite et à la gauche, leur éloignement; 7° où il a laissé son régiment, sa brigade; si ce corps a fait des détachements, s'il attend des renforts; 8° s'il y avait des ordres pour faire un mouvement prochain, ou quelques-uns de ces préparatifs, qui le dénotent d'avance; 9° que contenaient les derniers ordres du jour? 10° quels sont les bruits qui circulaient dans l'armée? 11° si les subsistances sont abondantes? Où sont les magasins, les dépôts, les entrepôts? 12° S'il y a beaucoup de malades, où est le grand hôpital, où se trouvent les ambulances?

D. Si le déserteur arrive pendant que son corps est en marche, qu'ajoutera-t-on?

R. Quelle direction suivait la colonne; 2° son mouvement était-il isolé ou combiné, 3° jusqu'où la colonne avait-elle l'ordre de s'avancer, 4° la colonne était-elle d'une seule et même espèce d'armes, ou bien mixte.

D. Si le déserteur appartient à la cavalerie?

R. On poursuit de la sorte. Combien avez-vous de chevaux au régiment? Combien en aviez-vous au commencement de la campagne? Sont-ils en bon état? Y a-t-il beaucoup de remontes? Y a-t-il beaucoup de jeunes soldats? Les fourrages sont-ils abondants? Les contrées occupées par l'armée suffisent-elles pour les fournir? Fait-on des détachements pour les aller chercher? Faut-il aller loin? Où sont les magasins? Comment sont-ils gardés? Le cavalier est-il maltraité par ses chefs? Si nous avons des avantages, y aura-t-il beaucoup de désertions? Quelles précautions prend-on pour empêcher la désertion? Les hôpitaux sont-ils bien éloignés de l'armée? A-t-on perdu beaucoup de monde dans la dernière affaire? Ces pertes ont-elles démoralisé le soldat?

D. Quelles questions faites-vous à un soldat d'artillerie?

R. Celles qui précèdent et de plus: Où est le grand parc? Y a-t-il de l'artillerie de siège? Où sont les dépôts? Où est le petit parc? Combien la division à laquelle est attachée sa batterie, a-t-elle de pièces? Quel calibre et quelles espèces de bouches à feu? Les caissons et coffrets sont-ils bien garnis? Quel est le n° du régiment, de la batterie? Les chevaux d'attelage sont-ils en bon état?

D. Quelles questions ferez-vous à un soldat du génie?

R. Les précédentes; et de plus: Où est le grand parc du génie? Y a-t-il suffisamment des outils? etc. etc.

D. Quelles questions adresserez-vous à un prisonnier?

R. Les mêmes qu'à un déserteur.

D. Faut-il espérer que les rapports qu'on obtiendra seront toujours exacts?

R. Non, les uns, par ignorance, ne seront pas en état de répondre catégoriquement; les autres, par finesse ou pour se faire valoir, feront exprès de dire ce qu'on désirera, ou bien ne diront rien de vrai; mais pour les mettre en défaut, on leur répétera les mêmes questions inopinément et à diverses reprises, pour comparer leurs dernières réponses avec leurs premières dépositions.

D. Que demandez-vous à des voyageurs?

R. Leur nom et leur passeport, d'où ils viennent, où ils vont, s'ils ont rencontré des troupes en marche, leur espèce, et à peu près leur nombre. — Quant à la force de la colonne, on pourrait peut-être l'évaluer soi-même avec plus de précision, en demandant aux voyageurs le temps qu'ils jugent avoir employé à longer cette colonne. Combien ils ont entendu dire qu'il pouvait y avoir de troupes ennemies dans les lieux où ils ont passé, ou séjourné. — Si ces troupes étaient en bon état, avaient des malades, si elles attendaient des recrues, si les villages, qu'ils ont traversé sur leur route, étaient remplis de troupes, si les avant-postes ennemis sont bien serrés, si derrière la chaîne la plus avancée, il y a de l'infanterie, de l'artillerie pour la soutenir et lui servir de replis; enfin la distance à peu près entre ces divers soutiens, et la chaîne des avant-postes. Comment sont les chemins, les ponts; si l'ennemi s'occupe à les réparer. — S'il s'occupe à fortifier, ou s'il a déjà fortifié quelques-uns des endroits par où ils sont passés. — Si les vivres et subsistances sont rares ou chers dans les pays occupés par l'ennemi, si le pays en souffre, s'il a conservé son bétail, si l'ennemi n'en a pas ramassé. — Enfin quels sont les bruits publics, que renferment les gazettes de l'ennemi, quelle est la date du dernier journal qu'on a lu, et que dit ce journal.

D. Écrivez-vous toujours les interrogatoires que vous faites subir?

R. Le plus souvent; mais cependant, il est des cas où cela ne peut ou ne doit pas être. Celui, par exemple, où ce soin ferait perdre du temps qu'il serait plus pressant d'employer à marcher, celui où les réponses faites ne paraîtraient pas assez importantes, celui où on croirait obtenir plus de renseignements sous la forme d'une simple conversation; mais alors si cette conversation donnait les résultats qu'on en attendait, il faudrait se retirer à part et l'écrire le plus fidèlement possible. — Dans ce cas, comme dans celui où l'on écrit un interrogatoire en présence de la personne interrogée, il faut cacheter ce que l'on a écrit, et l'envoyer avec le voyageur, le déserteur, le prisonnier ou l'habitant, par un sous-officier ou commandant de l'avant-garde. — Dans le cas où on n'écrit rien, on n'en envoie pas moins au commandant la personne dont l'interrogatoire a paru intéressant; et on choisit pour le conduire un sous-officier intelligent et discret qu'on charge de dire au général ce qu'on n'écrit pas.

D. Qu'exigent ces interrogatoires?

R. Un grand soin, car souvent ils amènent à découvrir des espions.

DES RAPPORTS A FOURNIR (¹).

Un Exemple.

D. Un rapport doit-il être très détaillé?

R. Oui, et pour cela, il faut prendre exactement, et au fur et à mesure de sa marche, les notes qui serviront à l'établir. Il ne faut pas cependant qu'un rapport renferme des choses oiseuses, et dont la connaissance est inutile au commandant en chef. — Souvent un officier écrit l'histoire de sa reconnaissance, fait le récit détaillé de ses haltes, de ses inquiétudes, de ses marches et contre-marches, etc.; c'est de l'encre et du temps perdus. — Ce qu'il faut au chef, ce sont les résultats de la reconnaissance, dans le sens de l'accomplissement des ordres donnés.

(¹) En donnant des modèles de rapports relatifs au service des armées en campagne; sur le règlement des troupes en marche, et sur chaque reconnaissance traitée dans notre ouvrage, nous ne nous écartions nullement de notre sujet, et notre travail n'en eut peut-être que mieux valu; mais nous avons pensé que notre recueil ne pouvait point être plus volumineux qu'un calpin de poche, afin de permettre à chacun de l'employer avec facilité; il résulte donc, que le livre traitant des modèles de rapports devrait faire l'objet d'un travail à part; (ce serait un mémorial militaire à l'usage des sous-officiers.) Pour le même motif, nous évitons de causer des grandes gardes, postes de soutien, patrouilles, rondes, du service des vivres, et des cantonnements etc.; tous ces détails sont parfaitement en rapport avec notre ouvrage, mais ne pourraient servir qu'à le grossir inutilement, attendu que ces articles sont longuement expliqués dans des ouvrages et des règlements que nous possédons tous.

De Brack.

Exemple d'un Rapport détaillé.

(On est entré dans de longs détails pour mieux faire ressortir les différentes circonstances.)

.... le........ 18.....

Mon.......

Conformément à vos ordres, je suis parti hier, à..... heures du matin, de ..... à la tête d'un détachement de..... hommes, et me suis dirigé par la route de..... sur..... A..... heures du matin, j'avais tourné cette ville. A ..... heures..... officiers,..... soldats du..... régiment, le bourgmestre et le maître de poste étaient en notre pouvoir.

Dans cette rencontre (mentionner le nombre de soldats tués ou blessés.) D'après le dire des prisonniers, il paraît certain que.... hommes d'infanterie,...... cavaliers, et.... pièces de canons sont arrivés avant-hier à.... qu'ils occupent sous le commandement du général.... On dit aussi : 1° que la division d'infanterie forte de deux brigades, commandées par les généraux..... et..... se compose des.... et.... régiments; 2° que..... fantassins du.... régiment, et...... cavaliers du.... régiment de chasseurs, sont arrivés avant-hier à.... et que ce détachement a poussé des reconnaissances de..... cavaliers sur la route de......; 3° que l'artillerie est mal attelée, qu'elle a laissé en arrière plusieurs voitures dans ses dernières marches, 4° que l'infanterie est belle, 5° que la cavalerie est bien montée, mais harassée de fatigue, que les officiers qui la commandent sont peu aimés du soldat, 6° que de l'infanterie était attendue à.... ou...... rations étaient requises pour elle. Le croquis ci-joint indique les observations que j'ai pu faire sur la disposition des lieux, et la route que j'ai suivie.

Le plateau qui prend naissance à.... et s'étend carrément jusqu'à deux lieues de ce village, est large, ouvert; son développement apparent est d'environ une lieue.

Quelques petits bouquets de bois, de petits monticules s'élèvent à son extrémité nord-est; il est presque entièrement semé d'orge, d'avoine et de seigle. L'artillerie peut le parcourir dans tous les sens. La route le divise en deux parties égales; cette route est large de... mètres, et elle est en bon état, elle est partout praticable et facile pour les voitures. Au carrefour le plateau domine la vallée de.... d'environ..... et se divise ensuite en fer à cheval pour entourer la vallée au Sud-Ouest et Est. Sa partie Ouest est à peu près égale de niveau jusqu'à.... et n'est interrompue que par la gorge dans laquelle coule le torrent de...... Cette coupure est d'environ un quart de lieue. Sa partie Est descend en s'abaissant insensiblement jusqu'au torrent de....., au-dessus, et au Nord-Est de.... Trois chemins se réunissent au carrefour situé à l'extrémité du plateau; le premier à droite, celui de....., il conduit à.... et est en bon état. Le second est un sentier étroit et rapide, il gagne les bois et enferme la vallée à droite. Le troisième, celui de.... conduit à.... et peut être considéré comme la suite des routes de... et de.... il est large de.... mètres, et bien entretenu jusqu'à...... Du carrefour on aperçoit toute la vallée. Son ouverture est de....environ; elle s'étend du Sud au Nord, et est coupée transversalement du Sud-Ouest au Nord-Est par le torrent de...., et divisée en deux parties égales par la route de....

En prenant le carrefour pour point de départ.

« à deux lieues et demie au Nord, est.....

« à trois lieues et demie au Nord-Est, est.....

« à six lieues au Nord, et perpendiculairement dans la direction de...., est....
 La vallée est riche, égale de niveau, ses cultures sont diverses.
 Les bois qui la ferment à droite s'étendent dit-on, jusqu'à..... et....., ils sont d'un difficile accès pour la cavalerie, impraticable à l'artillerie parce que des sentiers seuls les traversent, et que des sources amollissent leur sol ; dans beaucoup d'endroits, ils sont hauts, touffus, et offrent un rideau assuré pour masquer tout mouvement militaire ; le plateau sur lequel ils sont assis, domine la vallée de.... environ. Dans sa partie Sud, il s'abaisse graduellement jusqu'à la route de.... qui se trouve à cette rencontre, presqu'au niveau de la ville de.....
 Les coteaux qui ferment la vallée à gauche, sont couverts de vignes, houblons depuis..... jusqu'à....., ils s'élèvent à peu près de..... au-dessus de la vallée ; leur versant rapide, et rocailleux, n'est parcouru que par des sentiers de culture, impraticables aux chevaux. — En quittant le plateau, la route de..... descend dans la vallée par une pente qu'on peut estimer, à peu près à.....; cette route est bonne, et arrive au bas de la montagne. — A gauche, dans la vallée, sont des terres de blé qui s'étendent jusqu'à la montagne, dont le versant est couvert de taillis. — Elles sont traversées par un chemin qui part de..... pour gagner la sommité du plateau. Les sillons de ces champs sont profonds et les rendraient pénibles à la marche de l'artillerie et de la cavalerie. A droite, sont des cultures diverses bordées d'arbres fruitiers, impraticables à l'artillerie et à la cavalerie, mais très favorables pour embusquer des tirailleurs d'infanterie. B..... est un grand village de..... âmes ; ses maisons sont de riches fermes dont les granges sont garnies de grains et de fourrages ; on estime le nombre de ses bêtes à cornes à.... de ses moutons à..... de ses chevaux à..... La route se rétrécit d'abord à l'entrée du village, puis s'élargit, et tourne enfin autour du cimetière, au milieu duquel s'élève l'église. — Le cimetière est entouré d'un mur solide, et serait un poste excellent pour de l'infanterie. — A la sortie du village, on aperçoit..... village pauvre situé sur le torrent de..... A droite, un sentier gagne les bois en traversant la plaine. De.... à la chaussée de...., entre la route et les bois, ce ne sont plus que des prés, dont la moitié, qui touche la grande route, est solide, et la moitié, qui borde les bois est marécageuse et tourbeuse. — La route continue à être bonne, et se dirige au Nord-Est, les champs qui la bordent à gauche, s'étendent jusqu'à un jeune bois, qui se trouve à une demi lieue environ, et qui est séparé de la montagne par..... Le sol de ces champs cultivés en céréales, est solide, les sillons sont peu profonds, et l'on peut déployer et mouvoir sur eux de l'artillerie et de nombreux bataillons et escadrons. — Après avoir marché.... heures, on rencontre la chaussée de.... à.... sur laquelle on tombe perpendiculairement. — Cette chaussée est large de .... mètres, elle est mal entretenue. — Tournant à gauche, et après avoir marché.... heures, on arrive à.... Le.... qui coule en avant de la ville est un torrent large de.... environ, son fond est rocailleux, on l'affirme guéable depuis.... jusqu'à...., village situé à.... lieues au-dessous de...., et où se trouvent dit-on de riches moulins approvisionnés de farines. Le.... est traversé à..... par un pont de deux arches ; ce pont est en pierres de taille, et fort solide. — N...., est une petite ville de.... âmes, ses rues sont larges, et mal pavées, ses maisons sont vastes, et solidement bâties. — Ses faubourgs se composent de fermes riches, et bien approvisionnées, dit-on, en grains et fourrages ; cette ville possède une poste aux chevaux, et un bureau central de poste aux lettres. — Elle est entourée de jardins fermés par des barrières en planches faciles à

détruire, de plus elle est ouverte, et dominée de toutes parts ; on ne peut s'y défendre. — Ses habitants sont, dit-on, fort exaltés contre les..... De nombreux troupeaux appartiennent à la ville, on estime leur nombre à.... bêtes à cornes,...... moutons et.... chevaux ; mais la proximité du bois peut leur assurer un prompt refuge, dans le cas où les habitants craindraient qu'ils ne leur fussent enlevés. A.... est dominée à l'Ouest, et à un quart de lieue par une montagne nommée....., dont le sommet est aride, impraticable, et la base cultivée de...., qui s'étendent jusqu'à.... Au Nord-Ouest, s'ouvre une vallée qui suit la grande route de.... ; au Nord court la grande route découverte de...., au Nord-Est sont des marais impraticables, et le cours de..... ; à l'Est, la chaussée de.... qui, pendant une lieue, longe les marais sus-indiqués, et traverse la forêt.

W....., bourg riche de..... habitants, se trouve, m'a-t-on dit à.... lieues au Nord-Est de..... La route qui y conduit est bonne, et quoique inégale de niveau, facile pour l'artillerie. — F...., ville dont la population est de ... est située au nord, et à 7 lieues et demie de ....; la route qui y conduit est en mauvais état ; elle traverse deux villages W... et R...., le premier de... habitants se trouve à .... lieues de N.... sur le plateau qui domine les deux vallées, le second de ...... habitants, à une lieue plus loin dans la plaine qui précède F...... En résumé, le pays que j'ai traversé est très favorable à la guerre, car ses accidents offrent d'excellentes positions ; ses plaines permettent le déploiement de toutes armes, et sa richesse assure pendant plusieurs jours une abondante nourriture à un corps d'armée. Je n'ai à regretter la perte que de deux hommes, les nommés R.... et K.... tués, le premier d'un coup de pistolet, et le second d'un coup de feu en entrant à ...., six autres ont été blessés, mais pas assez grièvement pour ne pas revenir avec moi.

Il est de mon devoir de signaler à la bienveillance du général, la bonne conduite du détachement et de citer particulièrement MM. C....., lieutenant, D.... sous-lieutenant ; les sous-officiers ...... et les soldats .... Les nommés C.... et X...., ont été blessés en faisant prisonniers les trois officiers que je ramène

Le capitaine commandant le détachement,

(S).......

UTILITÉ

DE LA CONNAISSANCE DE LA LANGUE DU PAYS (¹).

Les renseignements à recueillir exigent dans l'officier commandant la connaissance de la langue du pays où la guerre se fait, et tous les moyens qu'il emploiera pour subvenir à son défaut lorsqu'il ne la possède pas seront loin de remplacer cette connaissance essentielle. Ainsi on dit qu'il devra avoir avec lui quelques hommes qui la sachent, pour translater ses questions et les réponses ; mais c'est autre chose d'entendre soi-même les renseignements fournis ou de les recevoir par un interprète presque toujours dénué des connaissances ou de l'intelligence nécessaires pour bien comprendre ce que l'on dit.

En interrogeant par lui-même, il saura infiniment mieux reconnaître les con-

<hr>

(¹) Fallot.

tradictions qu'offriraient les réponses des habitants et des prisonniers questionnés séparément; il pourra apprécier le degré de confiance que leurs assertions méritent.

Il est rare d'ailleurs que des soldats ou des sous-officiers sachent parfaitement une langue étrangère, à moins que ce ne soient des déserteurs, mais alors quelle confiance peut-on mettre dans des hommes qui ont trahi leurs serments.

Ceux qui ont appris une langue par fréquentation, mais dont l'intelligence n'a pas été développée par l'éducation, n'en ont jamais qu'une connaissance superficielle, qui ne les empêche pas de confondre les noms d'objets fort différents et de commettre une foule d'erreurs. Un officier, au contraire, ayant appris sa langue maternelle à fond et par principe, et qui, mieux que cela, a *appris à apprendre*, peut facilement rapporter l'idiôme étranger à celui qui lui est familier, et ses connaissances diverses lui facilitent l'intelligence des phrases relatives aux objets de ses investigations.

DE L'ÉTUDE DES TERRAINS (¹)

DU DESSIN ET DE LA TOPOGRAPHIE.

Les terrains de guerre sont de deux espèces, praticables et impraticables. Leur étude doit se porter sur trois points principaux.

1° Leur nature facile, ou difficile, dans ses rapports spéciaux avec le parcours des différentes armes.

2° Leurs positions sous leur aspect offensif et défensif.

3° Leurs développements et distances.

D. Pourquoi est-il important à un officier, de savoir dessiner?

R. Parce que souvent avec deux lignes, il dit plus et mieux qu'avec deux pages écrites; que quelques traits au crayon se font plus vite, et plus facilement, que ne se compose un rapport; et qu'ils assurent, et classent bien mieux les détails de ce rapport, que ne le font les souvenirs qu'on conserve d'un longue reconnaissance.

D. Le dessin n'offre-t-il pas d'autres avantages encore?

R. Il en offre un immense pour la guerre, c'est d'habituer à regarder et à bien voir; à apprécier les distances, les natures des terrains; à rendre présent ce qu'on a vu, et surtout à juger de la possibilité, de la vitesse, et de l'à-propos des entreprises.

D. Qu'est-ce que la topographie proprement dite?

R. La topographie est la base de toutes les opérations militaires. — Son étude ne saurait être trop approfondie. Quelque connaissance que l'on ait acquise de l'ennemi, quelque force même que l'on ait à sa disposition, toute entreprise quelle qu'elle soit, dépend dans son exécution, de la connaissance du terrain.

D. Un officier doit-il se fier entièrement aux cartes qui lui sont remises?

R. Non : il doit les considérer plutôt comme une indication inutile, que comme une reproduction littérale de ce qui est. Il ne doit jamais oublier de rectifier sur sa carte les erreurs qui auraient pu s'y glisser, et d'ajouter les détails utiles qu'elle ne donnerait pas. Il doit penser que plus la carte est anciennement publiée, moins elle doit être exacte, car en bien peu d'années souvent, des villages disparaissent, d'autres se joignent, et confondent leurs noms; des routes changent de direction; des ruisseaux modifient leurs cours; des étangs sont desséchés, et donnés à l'agriculture; des gués sont remplacés

(¹) DE BRACK.

par des ponts; des ponts sont abattus et reportés plus loin; des terres couvertes de forêts, de bruyères, de marais, des champs, des vignes, changent entre eux de destination, de production, et par conséquent de formes topographiques.

DES INDICES (¹).

D. Combien avez-vous de moyens de connaître les mouvements de l'ennemi ?
R. Quatre.
1° Les rapports des prisonniers, déserteurs et voyageurs.
2° Les rapports des espions.
3° Les reconnaissances.
4° Les indices.
D. Désignez-nous des indices généraux ?
R. Si l'on apprend qu'on a distribué des souliers dans les cantonnements, que les troupes nettoient leurs armes, que l'on rassemble des bestiaux, ce sont là des signes infaillibles de marches ou mouvements quelconques. — Si l'on apprend que des munitions nombreuses sont arrivées; que quelques uniformes nouveaux ont paru dans les bivouacs; c'est une preuve que des troupes nouvelles vont se joindre aux anciennes, pour exécuter avec elles une attaque prochaine. — Si l'on apprend que des vivres sont réunis sur un point, c'est une raison de supposer que des troupes vont s'y transporter. — Si des bateaux sont amenés de loin, et réunis en grand nombre sur une rive, c'est un indice de tentative de passage; s'ils sont brûlés, c'est l'indice d'une franche retraite. — Si les feux des bivouacs de l'ennemi paraissent beaucoup plus nombreux, mais plus petits, et placés avec affectation d'une manière plus ostensible, si ces feux sont allumés successivement, et si, promptement après avoir été allumés, ils s'éteignent, c'est un indice de faiblesse et de retraite. — Les traces des pas sont non-seulement un indice de la direction d'une colonne, mais encore de sa force, et souvent même de la pensée qui présidait à sa marche. Si la terre est également battue, la colonne ne se composait que d'infanterie; si elle est empreinte de traces de chevaux, la colonne était composée de cavalerie, s'il y a de profondes et larges traces de roues, elle traînait avec elle de l'artillerie. Chacune de ces armes était d'autant plus nombreuse, que les traces qu'elle a laissées le sont davantage et mieux imprimées. Si les traces sont fraîches, il n'y a pas longtemps que la colonne est passée; si la trace est mince, la troupe marchait en toute sécurité, car cette troupe était en colonne de route. Si la trace est large, elle craignait une attaque, car elle marchait en colonne par peloton, et prête à se déployer. Si les blés, les terres sont foulés sur les côtés de la route, et que ces terres, ces blés portent de larges et nombreuses traces de passage, la cavalerie marchait sur les flancs de la colonne, par escadrons. — Les pièces d'habillement, de harnachement, d'équipement, d'armement, abandonnées, les cartouches jetées, les chevaux morts, les linges ensanglantés, les tombes recouvertes, le soin qui a présidé à les creuser, sont des indications précieuses pour parvenir à la connaissance des régiments qui composaient les colonnes; de la fatigue, du découragement de cette colonne, du nombre de blessés qu'elle emmenait avec elle, de la gravité des blessures, de la distinction des officiers qu'elle a perdus. — La poussière soulevée par la marche d'une colonne, donne non-seulement des indices sur la direction de sa marche, mais

(¹) DE BRACK.

encore sur sa force, sur son ordre et sur l'espèce d'armes dont elle se compose; le plus ou moins d'épaisseur, de hauteur, de pesanteur de cette poussière indique de l'infanterie ou de la cavalerie. — Si le reflet des armes est très-brillant il est probable que l'ennemi vous fait face; s'il en est autrement, il est probable qu'il vous tourne le dos.

SIGNES CONVENTIONNELS.

Pour représenter sur le papier les diverses natures de terrain, les bois, les marais, les routes, les champs cultivés etc., on se sert de signes et de teintes conventionnels.

Tableau des teintes conventionnelles.

Noms des Objets.	Noms des Teintes.	Composition des Teintes
Terres labourées........	Nankin léger...........	3 parties gomme-gutte, 1 de carmin.
Prairies	Vert bleuâtre..........	3 parties gomme-gutte, 1 d'indigo.
Vergers	Vert	4 parties gomme-gutte, 1 d'indigo.
Forêts et bois..........	Jaune verdâtre	5 parties gomme-gutte, 1 d'indigo.
Vignes	Violet...............	4 parties carmin, 1 d'indigo.
Friches..............	Panaché vert et nankin..	Vert de prairie et nankin des terres labourées.
Broussailles..........	Id. Id. et jaune verdâtre...............	Vert de prairie et jaune des bois.
Bruyères	Panaché vert et rose....	Vert de prairie et carmin léger.
Sables..............	Orange...............	2 parties gomme-gutte, 1 de carmin.
Marais	Panaché horizont. vert et bleu...............	Vert de prairie et indigo léger.
Fleuves, rivières, etc...	Bleu léger	Indigo léger.
Mers................	Bleu verdâtre	3 parties indigo, 1 gomme-gutte.
Habitations	Carmin...	Carmin foncé.

Notes. — Toutes ces teintes, à l'exception des habitations doivent être faibles (on entend par partie un pinceau plein.)

TABLEAU STATISTIQUE.

Arrondissement.	Canton.	Commune et Hameaux.	Château ou établissement propre à établir un des services de l'armée.	Population.	Y a-t-il une station de chemin de fer, où à quelle distance est la plus proche? idem pour le télégraphe.	Est-ce une intersection de lignes? combien et lesquelles?	Peut-on installer un bureau d'étape, à la gare, pour une ligne d'opération?	Couvent ou local propre à une ambulance.	Dépôt ou magasins de denrées alimentaires, vins, etc.	Boulangers, bouchers, etc.	Forge.	Cordonniers, tailleurs, etc.	Selliers.	Auberges.	Y a-t-il un cours d'eau navigable, ou canal, lac, étang.	Eaux non navigables. Eaux thermales.	Prix de la main-d'œuvre ordinaire de l'ouvrier.	Moulins.	Usines, nature du commerce.	Bestiaux.	Chevaux.	Anes ou mules.	Etendue approximative du territoire de la commune.	Nature du sol, bois, roches, prés ou terres labourables.	Richesse de la localité, en prévision de réquisition, amendes, etc.	Fortune des industriels, des notables qui y habitent, etc.	Climat, salubrité.	Qualité de l'eau à boire.	OBSERVATIONS.
									RESSOURCES DE LA LOCALITÉ											RES-SOURCES EN									

Reconnaissance de la route

de .... à ....

Reconnaissance de la route de .... à					
Noms de lieux.	Distance du point de départ en kilom.	Explication descriptive de la route.	Croquis, plans et profils des points remarquables.	Explication descriptive du sol environnant.	Observations.

Le tableau avec croquis de la reconnaissance d'une route ou d'une voie ferrée contiendra les détails suivants :

Direction, terme, largeur, nombre de voies, nature du sol, montées, descentes, ralentissement de la marche, bords de la route, remblai, déblai, fossés, arbres, télégraphe, chemins qui débouchent, corniche, ravins, pas dangereux, ponts, réparation à y faire pour le passage, aspect générale des plissements et hauteurs environnantes, talwegs et lignes à partage qu'on traverse, villages, usines, ateliers, villes, bois, marais.

MARCHES EN CAMPAGNE.

—

Éclaireurs.

D. Comment ou dans quel ordre une troupe marche-t-elle en campagne?

R. Autant que possible on marche en colonne à distance entière, la colonne se couvrant d'une avant-garde, d'une arrière-garde et d'éclaireurs sur chaque flanc.

D. Pourquoi ces précautions?

R. Afin de permettre à la colonne, si elle était attaquée ou si elle venait à rencontrer l'ennemi, d'être prévenue à temps pour prendre ses dispositions de combat. — Ainsi ces précautions empêchent une colonne de troupes d'être attaquée à l'improviste, d'être surprise dans le désordre d'une marche.

D. Quels sont les défenses à observer par le soldat pendant une marche?

R. Les soldats de la colonne ne peuvent confondre leurs rangs, ils doivent conserver leurs distances et être toujours en mesure de se servir de leur fusil. — Ils ne peuvent attacher à leur arme ni bidons, ni objets quelconques. — Il est défendu de quitter le rang sans permission, le soldat ne peut s'arrêter aux puits et aux ruisseaux pour y puiser de l'eau, ni en traversant un village, entrer dans les maisons sans autorisation du chef.

D. Quels sont les devoirs des éclaireurs?

R. Les éclaireurs, qui sont les hommes marchant en tirailleurs en avant et sur les flancs de la colonne, doivent avancer avec précaution, fouiller les maisons, les chemins creux, les fourrés, les bois, (dans un certain rayon, d'après les ordres donnés), et signaler la présence de l'ennemi à leurs chefs.

D. Comment agissent les éclaireurs pour fouiller les couverts ou gravir les hauteurs?

R. Quand un petit bois se présente, un fourré, une hauteur, un chemin creux qui se bifurque brusquement, un groupe d'habitations, les éclaireurs (qui marchent ordinairement deux à deux) s'arrêtent; l'un d'eux va reconnaitre le bois, les maisons, la bifurcation, ou gravit les hauteurs, pendant que son camarade reste en observation, l'arme apprêtée. — Quand le premier a fouillé ou reconnu les endroits désignés, il fait signe à son camarade qu'il peut avancer.

D. Si les éclaireurs d'avant-garde rencontrent un village que doivent-ils faire?

R. Entrer dans la maison la plus proche, se saisir d'un des habitants et l'amener auprès d'un chef qui l'interroge.

D. Si des éclaireurs sont surpris et enlevés, que doivent-ils faire?

R. Ils ne doivent pas hésiter à faire feu pour prévenir les camarades de la présence de l'ennemi.

D. En cas d'attaque, comment agissent les éclaireurs?

R. Ils se replient en tirailleurs sur le corps principal et retardent la marche de l'ennemi le plus longtemps possible.

D. Quels sont les devoirs de l'arrière-garde?

R. Dans une marche en avant, l'arrière-garde recueille les trainards, arrête les maraudeurs et fait suivre les voitures laissées en arrière pour un motif quelconque.

D. Que doit faire l'arrière-garde dans les marches en retraite?

R. Elle a pour mission de ralentir le plus possible la poursuite de l'ennemi, de le tenir à distance dans les passages difficiles. — Elle rend impraticables

les routes et défilés sur les derrières et brise les ponts. — Les bouches à feu abandonnées sont enclouées et les munitions jetées à l'eau ou éparpillées. — Les canons se chargeant par la culasse sont mis hors de service en enlevant l'appareil de fermeture; quant aux canons de l'ancien modèle, qui se chargent par la bouche, on les encloue en bouchant la lumière avec un clou solidement enfoncé.

Service des sentinelles aux avant-postes.

D. Quand une troupe est campée ou cantonnée, quelle mesure de précaution prend-on?

R. On l'entoure de postes qui sont de garde.

D. Comment appelle-t-on ces postes, et comment sont-ils disposés?

R. On les appelle avant-postes. Il y a d'abord les grands-postes de soutien (quand l'armée est considérable), puis les grand'gardes en avant des postes de soutien, les petits postes couvrant les grand'gardes, et les sentinelles et vedettes veillent en avant des petits postes.

D. Comment sont placées les sentinelles?

R. Elles sont placées de manière à bien découvrir le terrain du côté de l'ennemi, ordinairement derrière la crète d'une éminence, aux carrefours des chemins, abritées par un objet quelconque, si c'est possible. — Pendant le jour, on utilise, pour y mettre des sentinelles, les bâtiments élevés, tels que les églises, les moulins.

D. À quoi servent les sentinelles?

R. Le but des sentinelles est de garantir les petits postes contre les attaques imprévues de l'ennemi. — Elles surveillent avec soin le terrain en avant de la ligne et ne laissent passer aucune personne de l'intérieur à l'extérieur sans avoir arrêté et reconnu celle qui se présente. Elle font feu sur les déserteurs qui passent à l'ennemi. — Elles doivent avertir le chef de poste de tout mouvement qui se produit chez l'ennemi et des indices tels que forte poussière, incendie, fumée, bruit de voitures. — Elles observent bien les consignes particulières qui leur sont données.

D. Quelle distance doit-il y avoir entre les sentinelles?

R. Les sentinelles de la chaine sont ordinairement doubles. Toutes les sentinelles sont placées de manière à ce que la ligne ne puisse être traversée par un seul homme sans qu'il soit arrêté.

D. Quand une sentinelle doit-elle faire feu?

R. Lorsqu'elle aperçoit distinctement l'ennemi; mais dans ce cas elle doit toujours faire feu pour avertir, quand même toute défense de sa part serait inutile.

D. Quelles sont les personnes qui peuvent traverser pendant le jour la chaine?

R. Les sentinelles laisseront passer pendant le jour : 1º Le chef du petit poste dont elles relèvent; 2º Les commandants directs qu'elles connaissent personnellement depuis le capitaine jusqu'au général; 3º Les détachements du petit poste et de la grand'garde, quand ils sont reconnus spécialement comme tels. Toute autre personne sera envoyée de sentinelle en sentinelle jusqu'au chef de poste, qui la reconnaîtra. — Les sentinelles observeront dans tous les cas les consignes qui leur sont données.

D. Pendant la nuit, quelles sont les personnes ou détachements qui peuvent traverser la chaine?

R. Les mêmes que pendant le jour, avec cette différence que tous doivent

donner le mot de ralliement ou faire le signal convenu pour la reconnaissance.
— Toute autre personne militaire et tout détachement seront renvoyés vers
le petit-poste après avoir été reconnus.

D. Qu'entendez-vous par mot de ralliement et mot d'ordre ?

R. Le mot de ralliement et le mot d'ordre sont deux mots que le général en
chef fait donner tous les jours aux postes, patrouilles, rondes et sentinelles
comme moyens de se reconnaître entre eux et d'éviter des surprises. — Les
sentinelles ne connaissent que le mot de ralliement. Le mot d'ordre s'échange
entre les chefs de postes, de ronde et de patrouilles. Le mot peut être rem-
placé par un signal convenu d'avance.

D. Que doit faire la sentinelle lorsque, pendant la nuit, elle voit ou entend
quelqu'un s'approcher ?

R. Elle arme son fusil et crie : Halte-là ! Si l'on s'arrête, elle crie : Qui vive !
Lorsqu'il lui a été répondu, elle crie : Avance au ralliement ! La sentinelle
fait feu : 1º contre tout individu qui ne s'arrête pas à la seconde sommation ;
2º contre ceux qui ne répondent pas ; 3º contre ceux qui donnent un faux
mot de ralliement ou un faux signal.

D. Comment une sentinelle se retire-t-elle sur le poste ?

R. Les sentinelles doivent bien connaître l'emplacement de leurs postes et
les chemins qui y conduisent ; quand elles sont attaquées elles se replient
en tiraillant vers leur poste en faisant un léger circuit ou détour.

D. Comment doit-on agir à l'égard des déserteurs de l'ennemi qui se pré-
sentent aux avant-postes ?

R. On ne les laisse passer que successivement et avec précaution, s'il y en a
plusieurs ; les déserteurs doivent jeter leurs armes avant de traverser la
chaîne ; ils sont conduits au chef de poste.

D. Qu'est-ce qu'un parlementaire ?

R. C'est un militaire ennemi chargé d'une mission. Il porte un petit drapeau
blanc et est ordinairement précédé d'un trompette ou tambour.

D. Comment agit-on à l'égard des parlementaires ?

R. Les parlementaires ne dépassent pas les premières sentinelles ; on les oblige
à se tourner du côté opposé au poste et à l'armée.

D. Les sentinelles de la chaîne rendent-elles les honneurs ?

R. Les sentinelles ne rendent pas d'honneurs. — Elles restent sac au dos et
cachées le plus possible, sans faire de bruit.

D. Quelles peuvent être les conséquences de la négligence d'une sentinelle
à son poste ?

R. La négligence d'une seule sentinelle peut entraîner de graves conséquences ;
si l'ennemi s'est glissé, sans avoir été signalé, à travers la chaîne des sentinelles, il surprendra un ou plusieurs postes, les enlèvera comme prisonniers, ou les détruira. — La sentinelle qui dort à son poste en présence de
l'ennemi, ou qui n'exerce pas une grande surveillance, de tous les instants,
est donc très coupable, puisqu'elle est responsable de la vie de ses camarades.

Manière de s'orienter.

Le jour on définit les quatre points cardinaux suivant la position du soleil.
— Ainsi, à 6 heures du matin, le soleil est à l'Est, à midi au Sud, et à 6 heures
du soir à l'Ouest.

La nuit, on s'oriente suivant la position des astres.

Si, par une belle nuit, on se tourne vers le Nord, on découvre immédiatement la grande-ourse ou le chariot, dont les quatre étoiles principales forment un carré long. En prolongeant la ligne de la grande-ourse, on arrive à l'étoile polaire plus petite, mais plus brillante, qui indique toujours le Nord. — Ainsi un homme debout la nuit, dans une grande plaine, tournant le dos à l'étoile polaire, aura derrière lui le Nord (ou septentrion), devant lui le Sud (ou midi), à sa gauche l'Est (l'orient ou levant) et à sa droite l'Ouest, (l'occident ou le couchant).

De l'Hygiène militaire (¹).

L'hygiène du soldat devant être la préoccupation constante de la part des chefs, il nous a paru nécessaire de terminer notre préface par une instruction médicale relatant les précautions à prendre envers les hommes dans les marches, campements, bivouacs etc. etc.

Rappelons-nous, que pour faire la guerre, il faut des hommes remplis de vigueur, d'énergie, accoutumés aux fatigues et animés de la meilleure volonté. Certains auteurs disent que la plus grande qualité d'un général est de savoir arriver avec tout son monde sur le champ de bataille ; nous partageons cet avis, mais pour obtenir ce résultat, il faut entourer le soldat de tous les soins nécessaires de façon à lui faire gagner la confiance et l'estime de ses chefs ; sans cette prévoyance, l'on arriverait inévitablement à avoir un relâchement dans la discipline, pertes d'hommes, maladies, désertions et autres conséquences funestes, qn'il appartient à tout bon chef d'éviter. Il est donc nécessaire que les officiers et les chefs s'occupent, avec un soin particulier, d'inspirer aux soldats la confiance, sans ce lien intime, on ne peut compter sur rien. Dans le repos, à l'état de paix, le pouvoir régulier est facilement respecté et obéi, mais dans les perturbations que les dangers font naître, tout se complique, et le moindre obstacle naturel peut devenir insurmontable. C'est alors que la confiance en soi et dans les autres, cette voix intérieure si puissante, donne une énergie extraordinaire qui amène le succès. Le chef doit donc pourvoir au bien-être du soldat ; savoir, dans les occasions importantes, partager ses souffrances et ses privations et en un mot veiller à sa santé.

Des vêtements. — La ceinture en flanelle a la propriété de tenir le ventre chaud, et de le garantir de l'impression de l'humidité et du froid, causes si ordinaires de maladies, surtout à la guerre.

Des boissons. — Toute eau qui n'a point de goût désagréable, et qui dissout bien le savon, est bonne à boire et propre à tous les usages de la cuisine. L'eau qui ne réunit point les conditions requises doit être sévèrement interdite aux soldats. Si l'on était forcé de boire de l'eau de mauvaise qualité, il faudrait la mêler avec du vin, de l'eau-de-vie, du vinaigre ou toute autre liqueur acide propre à cet usage. L'eau-de-vie prise avec excès est très nuisible aux soldats ; mais l'usage modéré de cette boisson peut être avantageux dans plusieurs circonstances du service ; elle convient particulièrement pendant les nuits froides et humides de l'hiver. Pendant les chaleurs de l'été, elle est également utile dans les marches et dans les grandes manœuvres, pour soutenir le ton des organes, et arrêter les sueurs abondantes qui épuisent les forces, et qui rendent le refroidissement extrêmement dangereux, mais dans ce dernier cas, il faut mêler une partie d'eau-de-vie avec 6 à 7 fois autant d'eau.

Des marches. — Si la troupe en marche doit loger dans un édifice public, le chef de corps doit s'y rendre le premier, pour s'assurer s'il réunit toutes les

(¹) DE BRACK.

conditions de salubrité. S'il a été infecté par des hommes atteints d'une maladie contagieuse, il faut aviser un moyen pour loger la troupe autre part, dût-elle bivouaquer, plutôt que de s'exposer au danger de la contagion. Lorsque la troupe marche en été, elle doit faire en sorte d'être arrivée au gite avant l'ardeur du soleil. Si elle était obligée de voyager toute la journée, il conviendrait de faire deux grandes haltes; car la fatigue réunie à la forte chaleur peut déterminer, même chez les soldats robustes, des attaques d'apoplexie. Quand elle est en marche en hiver pendant un froid très rigoureux, on doit empêcher soigneusement les hommes qui paraissent engourdis, de rester en arrière pour se coucher, sans cette prévoyance ils s'endormiraient aussitôt et passeraient inévitablement du sommeil à la mort. Lorsque le froid produit ces funestes effets, on doit faire accompagner les soldats jusque dans leurs gites, et leur recommander de ne point s'approcher subitement du feu, ils feront bien de boire, en arrivant, un mélange chaud d'un quart de vin avec $^3/_4$ d'eau. Si un homme a quelque partie gelée, il faut le frotter doucement avec de la neige, ou le laver avec de l'eau à la glace, et ne l'approcher du feu que lorsqu'elle aura recouvré la chaleur et le mouvement. Lorsqu'une troupe doit faire halte, il est nécessaire de choisir autant que les circonstances le permettent savoir : en hiver un endroit découvert, sec, exposé aux rayons du soleil, et à l'abri du grand vent; en été les lieux ombragés : pas trop frais, voisins des bois ou des rivières; mais quelle que soit la saison, il faut s'éloigner principalement des endroits marécageux. Arrivés à la halte, les militaires qui auront très chaud ne devront étancher leur soif qu'après quelques instants de repos, ils ne quitteront point leurs habits pour s'exposer à la fraicheur de l'air. Cet avertissement s'adresse particulièrement à l'homme en sueur. Les militaires qui voyagent dans un pays aride et chaud, sont ordinairement très altérés, l'eau qu'ils boivent avec avidité provoque chez eux des sueurs abondantes qui ne font que les affaiblir et augmenter la soif. Il faut, pour obvier à cet inconvénient, qu'avant de partir du gite, le chef de corps ordonne à tous les militaires de se pourvoir de bon vinaigre ou mieux encore d'eau-de-vie, pour la mêler avec de l'eau.

Par ce moyen, ils se désaltèreront plus facilement, et empêcheront le développement de bien des maladies souvent fort graves.

A la fin des marches, surtout pendant la chaleur, il faut recommander aux soldats de se laver le visage et les yeux. — Ils doivent aussi se laver les pieds toutes les fois que les circonstances le permettent.

En été, au séjour comme en garnison, ils se baigneront de temps en temps dans une eau courante. — Le moment le plus convenable pour le bain, est le matin avant le déjeuner, et non après l'exercice, après une longue marche.

Du campement. — Le terrain le plus convenable pour le campement est une plaine sablonneuse, sèche, bien découverte, un peu inclinée vers le midi ou l'orient, au bord d'une rivière ou d'un ruisseau, à la proximité d'un bois. — Il ne faut jamais, si on le peut, camper sur un terrain humide entouré de marais. — Si l'on ne peut éviter cette fâcheuse nécessité, on doit pratiquer des fossés dans diverses directions pour donner de l'écoulement aux eaux. — Le voisinage d'une rivière est très utile à un camp, non-seulement pour fournir la boisson des hommes et des chevaux, mais encore pour entretenir la propreté et pour faciliter le renouvellement de l'air. — On doit indiquer divers points de passage à la partie supérieure du cours de l'eau suivant le besoin de la troupe; l'abreuvoir doit être fixé au-dessous, vient ensuite le lavoir pour le linge des soldats. — Il est nécessaire de placer des gardes à ces divers points pour mettre de l'ordre.

Si l'eau de la rivière est trouble on peut creuser, à quelque distance du bord, des puisarts qui fournissent une eau filtrée à travers les terres. On doit jeter deux madriers sur ces excavations, afin que les hommes puissent tirer de l'eau à leur aise sans avoir à craindre l'éboulement des bords. — Un bois est très essensiel pour fournir le combustible nécessaire aux cuisines et aux feux de bivouac. — On ne doit pas oublier cependant que le sol des grandes forêts est toujours humide, et l'on doit s'en éloigner à une certaine distance pour ne point contracter des fièvres produites par l'humidité.

Les troupes campées doivent loger dans des barraques ou sous des tentes.

Tous les soldats doivent coucher dans leurs tentes ou barraques respectives.

On doit leur défendre par un réglement de police d'en sortir pendant la nuit étant déshabillés; cette mauvaise pratique est une des causes de la dyssenterie qui ravage si souvent les armées.

La paille qui forme le coucher du soldat, doit être renouvelée et brûlée tous les 15 jours; si l'on néglige cette précaution et si l'on garde cette paille pour faire de la litière, elle devient un foyer de corruption qui communique le typhus aux hommes.

Si le typhus ou la dyssenterie se manifestent dans un camp, on doit aussitôt l'abandonner et en choisir un plus convenable. — Si les circonstances ne permettent pas ce changement, il faut redoubler de viligance pour les soins de propreté, renouveler souvent la paille et la brûler, diminuer le nombre d'hommes dans chaque tente, et envoyer à l'hôpital dès le premier jour tout soldat malade.

Dans l'hiver, les camps ne sont plus tenables, si l'on s'obstine à y rester malgré la pluie et les gelées, le typhus et les inflammations de poitrine font des ravages effrayants.

Des bivouacs. — Les bivouacs doivent être établis, autant que possible, sur un terrain qui réunisse les conditions indiquées à l'article campement.

La troupe qui bivouaque devrait recevoir une double ration d'eau-de-vie. Celle qui en est pourvue envoie beaucoup moins de malades aux hôpitaux que celles qui sont réduites à l'eau pour toute boisson.

Il arrive quelquefois dans les campagnes d'hiver, par un froid vif, que le voisinage de l'ennemi empêche de faire des feux de bivouac; dans cette situation pénible, on doit éviter de se livrer à un sommeil trompeur qui pourrait être suivi de la mort.

Il faut donner la consigne à tous les hommes de réveiller ceux de leurs camarades qui succombent au besoin impérieux du sommeil.

De l'influence des climats sur la santé des troupes. — Dans les pays froids, les hommes doivent être non seulement bien vêtus, mais encore être plus abondamment nourris que dans les pays chauds.

Le froid produit chez eux un besoin impétueux de prendre des boissons spiritueuses, il convient de satisfaire ce besoin. — On devrait donc accorder aux troupes un supplément de vivres et d'eau-de-vie, toutes les fois que la campagne se prolonge au-delà du mois d'octobre dans un climat froid.

Les militaires boiront l'eau-de-vie à petite quantité comme elle leur sera distribuée, et se garderont bien d'en réunir plusieurs rations pour les boire à la fois.

Premiers soins à donner aux blessés. — Afin que les militaires s'administrent mutuellement les premiers soins pour les blessures récentes, il serait à souhaiter qu'il eussent avec eux les objets nécessaires. Des soins retardés ou négligés sont souvent la cause d'une mort, si au contraire ils sont donnés à l'instant, ils suffisent parfois à arracher d'une mort des blessés que leur abandon aurait laissé succomber.

Nota. — Les articles traitant de la Topographie — fortification passagère — les éclaireurs dans les marches — mesures d'hygiène à observer en marche, dans les camps, les bivouacs et les cantonnements, etc : etc : sont prévus par les programmes A et B (examen des lieutenants et sous-lieutenants) : Outre ces branches, le lecteur trouvera dans notre ouvrage la traduction flamande, et la traduction d'une langue étrangère; d'après l'arrêté royal du 30 Juin 1871, le flamand est obligatoire pour cet examen, et il sera tenu compte aux candidats proposés de leurs connaissances en langues étrangères.

EM. REUTER.

PREMIÈRE PARTIE.

RECONNAISSANCES MILITAIRES. (¹)

1.

Reconnaissance d'une route. — Verkenning van eenen straatweg. — Recognoscirung einer Strasse.

Comment s'appelle cette route?	Wat voor een straatweg is dit?	Wie heist diese Strasse?
C'est la ...	Dat is de weg naar ...	Es is die...
Est-ce une route de poste ou une route commerciale?	Is dit een post- of een handelsweg?	Ists' eine Post- oder Handelsstrasse?
C'est une route commerciale qui sert à toute espèce de transport, jusqu'à ce que la route de poste, qu'on établit parallèment à celle-ci soit achevée.	Dat is een handelsweg, welke tot alle soorten van vervoer dient tot dat de postweg, die in dezelfde richting loopt zal geeindigd zijn.	Es ist eine Handelsstrasse, welche zu jedem transport dient, bis die Poststrasse welche mit dieser parallel laüft, geendigt ist.
Quels sont les lieux qu'elle traverse?	Door welke plaatsen loopt die weg?	Durch welche Örter kömmt man?
Tous les lieux par où elle passe ont-ils une égale importance?	Zijn al die plaatsen even beduidend?	Sind die Ortschaften, durch welche sie führt, gleich bedeutend?
A l'exception de ..., les autres en offrent peu.	Uitgezonderd... zijn de andere plaatsen van weinig belang.	... ausgenommen, sind die andern von geringer Wichtigkeit.
Où se termine la route?	Waar eindigt deze baan?	Wo hört die Strasse auf?
A ..., faubourg de ...	Te ..., voorstad van ...	Zu ... der Vorstadt von ...
Est-elle partout bordée d'arbres, de haies ou de murs de clôture?	Staan langs deze baan in hare geheele lengte boomen, heggen of omheiningen?	Hat die Strasse, in ihrer ganzen Länge Bäume, Hecken oder Einschliesungsmauern?
Elle est bordée alternativement d'arbres et de haies.	Er staan bij afwisseling boomen en omheiningen.	Sie hat abwechselnd Bäume und Zäune.
Les arbres forment-ils allée?	Vormen die boomen eene dreef?	Bilden die Bäume eine Allee?

(¹) PETITGRAND, capitaine. (Extraits, traduits en flamand, et l'allemand donné en lettres françaises). Pour la traduction flamande on s'est servi d'expressions ordinaires et se rapprochant de celles employées dans la traduction allemande, afin de permettre à ceux qui ne connaissent qu'imparfaitement cette langue de la comprendre sans difficulté. La ressemblance apportée dans les termes des deux idiômes ne pourra que faciliter la mémoire de ceux qui se serviront du manuel « *Reconnaissance et Dialogues militaires.* »

Non, il n'y en a que d'un seul côté.	Neen, de baan heeft slechts boomen op den eenen kant.	Nein, die Strasse hat nur auf einer Seite Bäume.
Qu'elle espèce d'arbres est-ce ?	Welke soort van boomen?	Welche Sorte von Bäumen?
Ce sont des peupliers, des noyers, des ormes et quelques chênes.	Het zijn populieren, notenboomen of olmen en eenige eiken,	Es sind entweder Pappeln oder Nussbäume, oder Ulmen und einige Eichen.
Qu'elle est à peu près la hauteur des haies qui bordent la route.	Hoe hoog zijn de omheiningen welke langs de baan heenloopen ?	Wie hoch ungefähr sind die Zäune, welche an der Strasse hinlaufen ?
Quatre pieds.	Vier voet.	Vier Fuss.
Les fossés bordent-ils la route dans toute sa longueur ?	Bevinden er zich grachten langs de geheele baan?	Laufen die Gräben an der ganzen Strasse hinunter?
Non, il y a lacune en différents endroits.	Neen, zij zijn op verschillende plaatsen onderbroken.	Nein, sie sind an mehreren Orten unterbrochen.
Pourraient-ils former obstacle ?	Bieden zij een hindernis aan ?	Bieten sie ein Hinderniss dar ?
Oui, si on les recreusait un peu.	Ja, wanneer men dezelve nog dieper uitgraaft.	Ja, wenn man sie noch tiefer ausgräbt.
La route est-elle avec accotements?	Heeft de baan nog eenen zijweg ?	Hat die Strasse einen Nebenweg?
Seulement pendant une demi-lieue.	Slechts een half uur ver.	Nur eine halbe Stunde weit.
Conserve-t-elle partout sa largeur ?	Heeft zij overal dezelfde breedte?	Ist sie überall gleich breit?
Non, elle devient plus étroite au-delà de ... et continue ainsi pendant une lieue et demie.	Neen, voorbij ... wordt de weg smaller en blijft zoo gedurende anderhalf uur.	Nein, sie wird jenseits von ... schmäler, und bleibt so anderthalb Stunden.
La chaussée est-elle pavée dans toute sa longueur ?	Is de weg in zijne geheele lengte gekasseid ?	Ist der Fahrweg in seiner ganzen Länge gepflastert ?
Non, le pavé cesse à deux lieues et demie de ..., la route est ensuite ferrée.	Neen, de kassei houdt op twee en een half uur van ..., alwaar de weg steenachtig wordt.	Nein, das Pflaster hört dritthalb Stunden von ... auf, wo die Strasse steinig wird.
La route est-elle accidentée?	Is de weg ongelijk ?	Ist die Strasse uneben?
Assez, il y a des pentes raides, d'autres au contraire qui sont très douces; il y a aussi plusieurs montées.	Nog al redelijk; men treft er eenige sterke hellingen aan, in tegendeel zijn er andere die geheel zachtjes afloopen.	Ziemlich, man trifft einige starke Abhänge an, im Gegentheile mehrere andere fallen ganz allmählig ab; es sind auch mehrere Auffahrten da.

Route.	Straatweg.	Strasse.
Quelle est la plus considérable?	Welk is de voornaamste?	Welches ist die beträchtlichste?
Celle de ...	Die ...	Die ...
Une voiture un peu chargée a-t-elle besoin de chevaux de renfort pour la gravir.	Moet een redelijk geladene wagen voorspanpaarden gebruiken om deze hoogte te bereiken?	Braucht ein ziemlich beladener Wagen Vorspannpferde, um diese Anhöhe zu ersteigen?
Une voiture chargeant ... exige au moins deux chevaux de renfort.	Een met ... geladene wagen heeft ten minste twee paarden voorspan noodig.	Ein mit ... beladener Wagen braucht wenigstens zwei Pferde Vorspann.
Faut-il enrayer dans les descentes?	Moet men bij het afrijden sperren?	Mus man beim Herabfahren sperren?
Il n'y en a qu'une seule où cela soit nécessaire.	Dat is slechts op eene plaats noodig.	Bloss an einem Orte ist es nöthig.
Quelle est la voie des voitures du pays qui parcourent la route?	Hoe breed is het wagenspoor der voertuigen van dit land, welke dezen weg gebruiken?	Wie breit ist die Wagenspur der hiesigen Fuhrwerke, welche die Strasse befahren?
Combien peut-on les charger, sans dégrader la route?	Hoe zwaar kan men de wagens beladen, zonder den weg te beschadigen?	Wie schwer kann man sie beladen, ohne die Fahrbahn zu beschädigen?
Chaque voiture peut porter ...	Elk voertuig kan ... laden.	Ieder Wagen kann .... tragen.
Y a-t-il des cours d'eau considérables qui traversent la route?	Bestaan er aanmerkelijke waterloopen, die deze baan doorsnijden?	Sind beträchtliche Gewässer vorhanden, welche die Strasse, durchschneiden?
La partie de la route qui avoisine la rivière n'est-elle pas quelquefois inondée, à l'époque de la fonte des neiges?	Wordt de weg, welke langs de rivier loopt, niet soms bij afgaande weder overstroomd?	Wird die Strasse, welche am Flusse hinlaüft, nicht zuweilen bei Schneeschmelzen überschwemmt?
C'est un cas très rare.	Dat gebeurt zelden.	Das geschieht nur selten.
La route est-elle partout en remblai?	Is de weg overal verheven?	Ist die Strasse überall erhaben?
Non, elle est presque toute en déblai.	Neen, hij ligt voor een groot gedeelte dieper dan het land.	Nein, sie ist gröstentheils eingesenkt (vertieft).
Ne forme-t-elle pas défilé en quelques endroits?	Vormt de weg op verscheidene plaatsen geenen engpas?	Bildet sie keinen Engpas an mehreren Orten?
Oui, mais principalement à ...	Ja, vooral echter bij ...	Ja, besonders aber nahe bei ...
Quelle est la hauteur des escarpements?	Hoe hoog zijn de afhellingen?	Wie hoch sind die Abdachungen?
Ils ont bien quarante pieds.	Veertig voet.	Vierzig Fuss.
Y a-t-il des embranchements de routes ou de chemins, et quels sont les plus importants?	Heeft de weg zijtakken of nevenwegen? en welke zijn de voornaamste?	Hat die Strasse, Nebenstrassen oder Nebenwege? und welches sind die wichtigsten?

Route.	Straatweg.	Strasse.
Il y en a trois : un à droite, et deux à gauche.	Er zijn drie zijtakken, waarvan de eene rechts en de twee andere links afloopen.	Es gibt deren drei, wovon der eine rechts und die zwei andern links sind.
A quelle distance ces chemins s'embranchent-ils ?	Hoe ver van hier doorkruissen zich deze wegen ?	Wie weit von hier durchscheiden sich diese Wege ?
Le premier, à trois quarts de lieue sur la droite; le deuxième, à une lieue sur la gauche et l'autre à deux lieues et demie.	De eerste drie kwartiers van hier op de rechter hand, de tweede een uur van hier links, en de derde twee en een half uur van hier.	Der erste drei Viertelstunden von hier auf der rechten Seite ; der zweite eine Stunde weit linkershand, und der dritte dritthalb Stunden von hier.
Quelle est la direction générale de ces chemins?	Welk is de algemeene richting dezer wegen ?	Welches ist die allgemeine Richtung dieser Wege?
Le premier de gauche est perpendiculaire à la route ; et les deux autres lui sont à peu près parallèles.	De eerste op de linkerhand doorkruist den steenweg, en de twee andere loopen schier met hem in de zelfde richting.	Der erste linkershand durchschneid die Landstrasse senkrecht, und die zwei andern laufen mit ihr fast parallel.
Ces chemins sont-ils empierrés?	Zijn deze wegen met in gruis geslagene steenen bedekt ?	Sind diese Wege mit geklopften Steinen bedeckt ?
Non, ils sont en terrain naturel.	Neen, zij zijn in hunnen natuurlijken toestand.	Nein, sie sind in ihrem natürlichen Zustande.
Quelle est leur largeur?	Hoe breed zijn zij ?	Wie breit sind sie ?
Elle varie de huit à douze pieds.	Zij hebben eene breedte van acht tot twaalf voet.	Sie sind zwischen acht und zwölf Fuss breit.
Sont-ils praticables à la cavalerie ?	Zijn zij voor paardenvolk bruikbaar?	Sind sie für Cavallerie gangbar ?
Il n'y a que celui de droite qui le soit ; les autres sont trop fangeux.	Op den weg aan de rechter hand is het alleen mogelijk om te paard voort te komen; de anderen zijn te modderachtig.	Nur auf dem Wege rechterhand ist es möglich fortzukommen ; die andern sind zu kothig.
Trouve-t-on des poteaux indicateurs à toutes les intersections de chemins?	Zijn bij al deze kruiswegen wegwijzers geplaatst ?	Sind an allen Kreuzwegen (Scheidewegen) Wegweizer angebracht ?
Aux plus importantes.	Aan de voornaamste.	Bei den wichtigsten.
Trouve-t-on également des sources et des fontaines le long de la route?	Vindt men ook bronnen en fonteinen in de nabijheid van de baan ?	Findet man auch Quellen oder Springbrunnen in der nähe der Strasse ?
Il y en a beaucoup.	Er zijn er nog al veel.	Man trifft deren viele an.
Tarissent-elles quelquefois.	Worden deze bronnen of fonteinen soms droog?	Versiegen sie zuweilen ?
Très rarement.	Zeer zelden.	Sehr selten.

2.

Reconnaissance d'un chemin, d'un sentier. — Verkenning van eenen weg of van een voetpad. — Recognoscirung eines Weges, eines Fussteiges.

Où conduit ce chemin? A....	Waarheen leidt deze weg? Naar	Wo fürht dieser Weg hin? Nach ....
Est-il destiné aux voitures, aux cavaliers ou aux piétons?	Is het een voerweg of een rijweg of enkel een voetpad?	Ist er ein Fahr- Reit- oder Fussweg?
C'est un chemin carrossable.	Het is een voerweg.	Er ist ein Fahrweg.
Combien de temps faut-il pour l'aller, et combien pour le retour?	Hoe veel tijd heeft men noodig om van hier heên en terug te gaan?	Wieviel Zeit braucht man, um hin und herzugehen?
Environ trois heures pour l'aller, et une demi heure de plus pour le retour à cause de la montée.	Omtrent drie uren om er naar toe te gaan en een half uur meer in het terug komen, omdat men berg op moet.	Ungefähr drei Stunden hin und eine halbe stunde mehr zurück weil man Berg an muss?
Quel est alors le plus court chemin?	Welk is derhalve de kortste weg?	Welcher ist also der nächste Weg?
C'est celui qui traverse la forêt.	Die, welke door het bosch leidt.	Der welcher durch den Wald führt.
Est-il bien fréquenté?	Wordt hij nog al veel gebruikt?	Ist er sehr besucht?
Non, c'est un chemin abandonné.	Neen, hij wordt niet zeer veel gebruikt.	Nein, es ist ein nicht sehr besuchter Weg.
Le fond est-il de sable?	Is de grond zandig?	Ist der Grund sandig?
Non, il est de terre forte.	Neen, hij bestaat uit vasten grond.	Nein, er besteht aus fester Erde.
N'est-il pas sillonné de ravines ou de foundrières?	Zijn er geene hollewegen of modderkuilen?	Ist er nicht durch Regenbäche oder durch Erdfälle ausgehöhlt?
Il existe en effet, plusieurs bas-fonds où l'artillerie courrait risque de s'embourber, surtout à la suite des pluies d'orage.	Er zijn werkelijk verschillende holten, waarin de artillerie zoude gevaar loopen te blijven steken, bijzonderlijk na sterke regenbuien.	Es sind wirklich mehrere Vertiefungen da, in denen die Artillerie gefahr laufen würde, steken zu bleiben, besonders nach starken Regengüssen.
Comment pourrait-on faciliter le passage de ces bas fonds?	Hoe zou men den doorgang door deze uithollingen kunnen bevorderen?	Wie könnte man den Ubergang dieser Aushöhlungen erleichtern?
Il faudrait les empierrer et les recouvrir de fascines.	Men zou de kuilen met steenen moeten aanvullen en er takkebossen overleggen.	Man müsste dieselben mit Steinen ausfüllen, und Faschinen darüber legen.
Ce travail suffirait-il?	Zoude zulk een arbeid toereikend zijn?	Wäre diese Arbeid hinreichend?

Chemin, sentier.	Weg, voetpad.	Weg, Fussteig.
Oui, en renouvelant les fascines de temps en temps.	Ja, maar ondertusschen moeten de takkebossen van tijd tot tijd door anderen vervangen worden.	Ja, indessen müssen die Faschinen von Zeit zu Zeit ersetzt werden.
Le chemin direct est-il praticable aux troupes de toutes armes ?	Is de rechte weg voor de troepen van alle wapens bruikbaar?	Ist der gerade Weg für jede Truppengattung gangbar ?
A l'artillerie de siége exceptée.	Ja, uitgezonderd voor het grof geschut.	Die Belagerungsartillerie ausgenommen.
Où commence la déviation du chemin ?	Waar begint de afwijking van dezen weg ?	Wo fängt die Abweichung des Weges an ?
A six cents pas.	Zes honderd passen van hier.	Sechs hundert Schritt von hier.
Quelle direction prend-il alors ?	Welk eene richting slaat hij daarna in.	Was für eine Richtung nimmt er alsdann ?
Il va de l'est au nord.	Hij volgt de richting van oosten naar noorden.	Er folgt der Richtung von Osten nach Norden.
Trouve-t-on facilement le véritable chemin, lorsqu'on est arrivé au carrefour?	Is het gemakkelijk den rechten weg te vinden, wanneer men aan den kruisweg gekomen is ?	Ist es leicht den rechten Weg zu finden, wenn man an dem Kreuzwege angekommen ist?
Il est indiqué par un poteau.	Hij wordt door eenen wegwijzer aangeduid.	Er ist durch einen Wegweiser angezeigt.
N'y a-t-il pas un chemin de traverse qui abrége de beaucoup?	Is er geen dwarsweg, die korter is ?	Ist kein Querweg da, der den Weg sehr abkürzt?
Il y en a un qui abrége effectivement d'une lieue, mais il n'est pas praticable.	Er bestaat een, die den weg een uur verkort, maar hij is niet zeer bruikbaar.	Es ist einer da, welcher den Weg um eine Stunde abkürzt, aber er ist nicht sehr gangbar.
Faudrait-il beaucoup de temps pour le réparer ?	Is er veel tijd noodig om hem te verbeteren ?	Braucht man viel Zeit um ihn zu verbessern ?
Il faudrait au moins deux jours.	Daartoe zouden ten minste twee dagen noodig zijn.	Es wären wenigstens zwei Tage dazu nöthig.
Les matériaux nécessaires sont-ils à portée ?	Zijn de daartoe noodige materialen in de nabijheid te vinden ?	Sind die dazu erförderlichen Materialien in der Nähe zu haben ?
Non, il faudrait aller les chercher à une demi-lieue sur la droite.	Neen, men moet die een half uur rechts van hier gaan halen.	Nein, man müsste eine halbe Stunde weit rechts dieselbe holen.
Ce sentier est-il praticable pour les chevaux ?	Kan men op dit voetpad te paard rijden?	Ist diezer Fussteig für Pferde gangbar ?
Non, il est trop difficile à gravir ; il faudrait toujours tenir les chevaux en mains.	Neen, het is te lastig om te beklimmen, en men zou de paarden elk oogenblik aan de hand moeten leiden.	Nein, er ist zu schwer zu ersteigen, und man müsste die Pferde immer führen.
Mène-t-il à la montagne?	Leidt het op den berg ?	Führt er auf den Berg?

Oui, après plusieurs détours.	Ja, nadat het verscheidene malen om den berg heen geleid heeft.	Ja, nachdem er mehrmals um den Berg herumgeführt hat.
N'est-il pas interrompu?	Wordt het niet onderbroken?	Ist er nicht unterbrochen?
Oui, à une demi lieue de distance, il se perd dans les terres.	Ja, een half uur van hier verliest het zich in de velden.	Ja, eine halbe Stunde von hier verliert er sich in den Ackern.
Faut-il, en suivant le sentier, traverser un ruisseau?	Moet men ook over eene beek gaan, wanneer men het voetpad volgt?	Muss man auch über einen Bach setzen, wenn man dem Fussteige folgt?
Oui, et même c'est un pas difficile.	Ja, en het is zelfs eene moeielijke plaats.	Ja, und es ist selbst ein schwieriger Ort.
Ne peut-on pas l'éviter?	Kan men die niet vermijden?	Kann man ihn nicht vermeiden?
Oui, en faisant un détour à droite un peu avant d'arriver.	Ja, wanneer men eenen kleinen omweg maakt eer men er aan komt.	Ja, indem man einen kleinen Umweg rechts macht, ehe man zu denselben gelangt.

<h3 style="text-align:center">3.</h3>

Reconnaissance d'un chemin de fer. — Verkenning van eenen spoorweg (ijzeren weg). — Recognoscirung einer Eisenbahn.

Où conduit ce chemin de fer?	Waarhenen voert deze ijzeren weg?	Wohin führt diese Eisenbahn?
A N…	Naar N…	Nach N…
Quel est son objet?	Waartoe dient hij?	Wozu dient sie?
Il sert à transporter les marchandises et les voyageurs.	Hij dient tot vervoer van waren en reizigers.	Sie dient zum Transport der Waaren und Reisenden.
Qu'elle est sa destination plus spéciale?	Waartoe dient hij het meest?	Wozu dient sie am meisten?
C'est le transport des voyageurs.	Tot den vervoer van reizigers.	Zum Transport der Reisenden.
Qu'elles sont les principales localités qu'il dessert?	Welke zijn de voornaamste plaatsen, door welke hij voert?	Welches sind die beträchtlichsten Ortschaften, durch welche sie führt?
Quelle est son étendue?	Hoe ver strekt hij zich uit?	Wie gross ist ihre Ausdehnung?
Il n'a pas plus de…	Niet over de …	Nicht über …
Sa largeur?	Hoe breed is hij?	Wie breit ist sie?
Du point de départ à …, il a une largeur de vingt-cinq pieds; de… à … elle se réduit à seize, et enfin de … à N… il reprend sa largeur primitive.	Van de vertrekplaats aan tot naar…is de breedte vijf-en-twintig voet; van … aan en tot naar … vermindert die breedte tot op zestien voet en van … tot naar N… is de breedte zoo als in den beginne.	Von dem Abfahrtsort aus bis nach … ist die breite fünf und zwanzig Fuss; von … aus bis nach … verringert sie sich auf sechzehn Fuss, und von … bis nach N… ist die Breite wie im Anfange.

Chemin de fer.	Spoorweg.	Eisenbahn.
Est-il à deux ou plusieurs voies?	Heeft hij twee of meer sporen?	Hat sie zwei oder mehrere Geleise?
De A à ..., il a jusqu'à trois voies; mais depuis ... jusqu'à ... il est à deux voies.	Van A tot ... heeft hij drie spoorbanen, van ... af echter tot ... heeft hij er maar twee.	Von A bis nach ... hat sie drei Geleise; von ... aus aber bis nach ..., hat sie nur zwei.
A-t-il des embranchements?	Heeft hij zijwegen?	Hat sie Nebenbahnen?
Il y en a un à ... à deux milles d'ici, qui sert à relier ce chemin avec le grand chemin de fer de ...	Te ... twee mijlen van hier is er een, die bestemd is om hem met den hoofd-ijzerenweg bij ... te vereenigen.	Zu ..., zwei Meilen von hier, ist eine, die dazu bestimmt ist, dieselbe mit der Haupteisenbahn bei ... zu vereinigen.
Quels sont les points où se font les stations?	Waar zijn de statien?	Wo sind die Stationen?
Quel est le temps nécessaire pour aller et revenir par un trajet direct?	Hoe veel tijds heeft men noodig om heên en weêr te rijden, wanneer men zich niet ophoudt?	Wie viel Zeit braucht man, um hin und herzufahren, wenn man sich nicht aufhält?
Il faut trois heures.	Drie uren.	Drei Stunden.
Et par un trajet où l'on s'arrête à chaque station?	En hoeveel, wanneer men bij elke statie stilhoudt?	Und wie viel, wenn man sich bei jeder Station aufhält?
Près de quatre heures.	Bijna vier uren.	Beinahe vier Stunden.
Quelle est la capacité des wagons?	Hoe groot zijn de wagens?	Wie gros sind die Wagen?
Chaque wagon peut contenir seize personnes; quant à ceux qui servent au transport des marchandises, leur capacité est de ... pieds cubes.	Elke wagen kan zestien personen inhouden; wat de vervoerwagens voor koopgoederen betreft, die zijn ... kubiek voet groot.	Ider wagen kann sechzehn Personen enthalten; was die Lastwagen betrifft, sie sind ... Cubikfuss gros.
Y en a-t-il d'affectés au transport des chevaux et des voitures?	Zijn er ook wagens tot vervoer van paarden en rijtuigen?	Gibt es auch Wagen die zum Fortschaffen der Pferde und Fuhrwerke bestimmt sind?
Il y en a six qui ne servent qu'à cet usage.	Ja, zulke zijn er zes.	Ja wohl, es gibt deren sechs.
Combien de chevaux un wagon ainsi disposé peut-il transporter?	Hoe veel paarden kan zulk een wagen vervoeren?	Wie viel Pferde kann ein solcher Wagen fortschaffen?
Pas plus de huit.	Niet meer dan acht.	Nicht über acht.
Quel est le nombre total des wagons?	Welk is het geheele aantal der wagens?	Welches ist die ganze Anzahl der Wagen?
Il est de vingt-neuf.	Negen-en-twintig.	Er gibt deren neun und zwanzig.
Quel est le nombre d'hommes, de chevaux et de voitures qu'on peut transporter dans un convoi?	Hoeveel mannen, paarden en wagens kunnen in eenen trein vervoerd worden?	Wie viel Mann, Pferde und Wagen können in einem Züge fortgeschafft werden?

Col, passage.	Bergengte.	Gebirgspass.
Pour le service courant, on peut transporter à la fois cent quatre-vingts personnes, quarante chevaux et six voitures; mais dans un cas pressant, on peut facilement doubler ce nombre.	In gewonen dienst kunnen hondert en tachtig personen, veertig paarden en zes rijtuigen met eenen trein bevorderd worden, maar in geval van nood kan men dit getal gemakkelijk verdubbelen.	Im gewöhnlichen Dienste können ein hundert und achtzig Personen, vierzig Pferde und sechs Fuhrwerke zu gleicher Zeit fortgeschafft werden; aber im Nothfalle kann man diese Anzahl leicht verdoppeln.
Combien de convois peut-on faire partir par jour?	Hoeveel treinen kunnen dagelijks vertrekken?	Wie viel Züge können täglich abfahren?
Huit au plus.	Ten hoogste acht.	Höchstens acht.
Quel est le prix de transport?	Welk is de prijs van vervoer?	Welches ist der Preis für den Transport?
Les personnes paient...; chaque cheval ... etc.	De prijs voor eenen persoon is ... en voor een paard ...	Der Preis für eine Person ist ... und für ein Pferd ...

4.

Reconnaissance d'un col, d'un passage. — Verkenning van eene bergengte. — Recognoscirung eines Gebirgspasses, eines Übergangs.

Comment s'appelle ce col?	Hoe noemt men deze bergengte?	Wie heist dieser Gebirgspass?
C'est le ...	Men noemt haar ...	Er heist ...
Est-il praticable pour la cavalerie et l'artillerie,	Is zij bruikbaar voor ruiterij en artillerie?	Ist er für Cavallerie und Artillerie gangbar?
Seulement pour la cavalerie; car l'artillerie serait obligée de démonter ses pièces.	Alleen voor ruiterij, de artillerie zoude genoodzaakt zijn het geschut van de affuiten of roopeerden af te nemen.	Nur für Cavallerie, die Artillerie würde genöthigt seyn, die kanonen aus der Lafette zu heben.
N'est-il pas quelquefois obstrué par la neige?	Wordt zij soms niet door den sneeuw ongangbaar gemaakt?	Wird er nicht zu weilen durch den schnee ungangbar gemacht?
Oui, le passage est forcément interrompu pendant deux mois d'hiver: décembre et janvier.	Ja, de doorgang is noodwendiger wijze gedurende twee wintermaanden onderbroken, namelijk in december en januarij.	Ja, der Übergang ist nothwendiger weise während zweier Wintermonate unterbrochen nämlich im December und im Januar.
Quelle est sa communication directe?	Welk is hare rechtstreeksche verbinding?	Welches ist seine gerade Verbindung?
Il communique à la fois à ... et à ...	Zij leidt ten zelfden tijde naar .... en naar ...	Er führt zu gleicher Zeit nach ... und nach ...

N'a-t-il pas une communication avec la route qui parcourt la crête?	Is er geene verbinding voorhanden, die naar den straatweg voert, welke over den rug des bergs loopt?	Ist keine Verbindung da, die nach der Strasse führt, welche über den Rücken des Berges läuft?
Oui, par le mont ...	Ja door den ... berg.	Ja, durch den ... Berg.
Quelles sont les routes qui s'y croisent?	Welke straatwegen doorkruissen zich daar?	Welche Strassen durchkreuzen sich daselbst?
D'abord la route de ... à ..., puis celle de ... à ..., en général c'est le point de jonction des routes qui viennent de ... et facilitent l'accès de ... par le nord.	Ten eerste de weg van... naar ..., dan de weg van ... naar, in 't algemeen is daar het vereenigingspunt aller wegen, die van ... komen en den ingang naar ... noordwaarts vergemakkelijken.	Erstens die Strasse von ... nach ... dann der Weg von ... nach ..., im Allgemeinen ist es der Vereinigungspunkt aller Strassen, die von ... kommen, und den Eingang nach ... nord her erleichtern.
Le col est-il gardé?	Is de bergengte bezet?	Ist der Gebirgspass besetzt?
Oui, il y a un petit fort qui en défend l'entrée.	Ja, er ligt nabij eene kleine sterkte of fort, welke den ingang verdedigt.	Ja, es ist bei demselben ein Kleines Fort, welches den eingang vertheidigt.
Peut-on le tourner?	Kan men die sterkte omgaan?	Kann man es umgehen?
On le pourrait; mais il faut nécessairement des guides, pour ne pas se tromper de chemin.	Dat zou men kunnen, maar daartoe zijn er gidsen noodig, om niet te dwalen.	Man könnte es, aber es sind Führer nöthig, um nicht irre zu gehen.
A quelle distance du fort est le sentier?	Op hoeveel afstands blijft het voetpad van het fort?	Wie weit ist der Fussteig von dem Fort entfernt?
A huit cents pas environ.	Op omtrent acht honderd passen.	Ungefähr acht hundert Schritt.
Quel est le temps nécessaire pour effectuer le passage?	In hoeveel tijd zou men den overgang kunnen bewerkstelligen?	Wie viel Zeit hat man nöthig, um der Ubergang zu bewerkstelligen?
Il faut quatre heures.	Men heeft vier uren noodig.	Man braucht vier Stunden.
Et pour parvenir à la plus grande élévation de la route?	En hoeveel tijds om het hoogste punt van den weg te bereiken?	Und wie viel, um bis zur grösten Anhöhe der Strasse zu gelangen?
Le tiers de ce temps.	Het derde gedeelte.	Den dritten Theil.
Ne pourrait-on pas s'ouvrir un nouveau passage?	Zoude men niet eenen nieuwen overgang kunnen bewerkstelligen?	Könnte man nicht einen neuen Ubergang bewirken?
Pour cela il faudrait percer un des flancs de la montagne.	Ten dien einde zoude men eene zijde des bergs moeten doorsteken.	Zu diesem Zwecke müste man eine Seite des Berges durchstechen.
Trouverait-on dans le pays assez d'ouvriers pour les employer à ce travail.	Kan men in de omstreken arbeiders genoeg vinden om dit voornemen uit te voeren?	Kann man in der Umgegend Arbeiter genug finden, um dieses Vorhaben auszuführen?

Défilé.	Engpas.	Engpass.
Vous pourriez disposer de cent cinquante hommes.	Omtrent honderd vijftig werklieden zouden er gemakkelijk te vinden zijn.	Etwa hundert und fünfzig Arbeiter wären leicht zu finden.
En leur adjoignant deux cents travailleurs, quel temps faudrait-il pour creuser ce passage?	Hoe veel tijd zou men noodig hebben, wanneer men daar nog twee honderd arbeiders bijvoegde om dezen doorgang te graven?	Wie viel Zeit hätte man nöthig, wenn man ihnen noch zwei hundert Arbeiter zutheilte, um diesen durchgang zu graben?
Environ quatre jours.	Omtrent vier dagen.	Ungefähr vier Tage.

5.

Reconnaissance d'un défilé. — Verkenning van eenen engpas. — Recognoscirung eines Engpasses.

Quelle est la longeur du défilé?	Hoe lang is deze engpas?	Wie lang is der Engpass?
Huit cents pas.	Acht honderd passen.	Acht hundert Schritt.
Quelle est sa plus grande et sa plus petite largeur?	Welk is zijne grootste en welk zijne kleinste breedte?	Welches ist dessen grösste und geringste Breite?
Sa plus petite largeur est à l'entrée du défilé, et peut à peine donner passage à six hommes de front; elle va ensuite en sélargissant jusqu'au débouché où elle est de trente pieds.	De geringste breedte is aan den ingang van den engpas, en nauwelijks kunnen er zes man naast elkander gaan; maar verder wordt hij allengskens breeder tot aan den uitgang, waar hij dertig voet breed is.	Die geringste Breite ist am Eingange des Engpasses, und kaum können sechs Mann hoch neben einander gehen; aber alsdann erweitert er sich immer mehr bis an den Ausgang, wo er dreissig Fuss breit ist.
Un attelage, une fois engagé dans le défilé pourrait-il exécuter un demi tour?	Kan een bespannen voertuig, dat in den engpas gereden is, op eene gemakkelijke wijze omdraaien?	Kann ein Gefährt, welches in den Engpass eingetreten ist, auf eine leichte Art umkehren?
Oui, mais avec beaucoup de précaution, car il n'y a que la place nécessaire.	Ja, maar met veel voorzichtigheid, want men heeft nauwelijks daartoe de noodige plaats.	Ja, aber mit vieler Vorsicht, denn man hat höchstens den dazu nöthigen Raum.
Le défilé est-il en ligne droite ou bien fait-il plusieurs sinuosités?	Loopt de engpas recht door, of maakt hij verscheidene bochten?	Geht der Engpass in gerader Richtung, oder macht er mehrere krümmungen?
Il se dirige un peu à gauche.	Hij trekt een weinig links.	Er zieht sich etwas links.
Le chemin du défilé est-il praticable aux voitures?	Kan men met karren of wagens door den engpas rijden?	Ist der Weg des Engpasses fahrbar?

Défilé.	Engpas.	Engpass.
Pas trop à cause de la nature du sol.	Niet al te wel, omdat de grond zulks verhindert.	Nicht sehr, weil der Boden es verhindert.
Quels seraient les travaux à faire pour le rendre praticable ?	Welke werken zouden er moeten uitgevoerd worden om den weg bruikbaar te maken ?	Welche Arbeiten müsste man vornehmen, um den Weg fahrbar zu machen ?
Il suffirait d'étendre un lit de fascines.	Het ware toereikend, wanneer men eene laag van takkebossen maakte.	Es wäre hinreichend, wenn man eine Lage von Faschinen machte.
Peut-on se procurer facilement les matériaux nécessaires ?	Kan men zich de materialen, welke daartoe benoodigd zijn, gemakkelijk verschaffen ?	Kann man sich die dazu nöthigen Materialien leicht verschaffen ?
Ils sont à portée.	Zij zijn in de nabijheid voorhanden.	Sie sind in der nähe zu haben.
Les escarpements qui bordent le défilé sont-ils bien raides ?	Zijn de afhellingen aan beide kanten van den engpas zeer steil ?	Sind die Böschungen zu beiden Seiten des Engpasses sehr steil ?
Il est impossible de les gravir, et celui de gauche domine de beaucoup celui de droite.	Het is onmogelijk om er op te klimmen, en de rechterkant is veel hooger dan de linkerkant.	Es ist unmöglich sie zu erklettern, und die rechter hand ist viel erhabener als die zur linker Seite.
Ne peut-on pas aborder ces escarpements de l'autre côté du défilé ou sur ses flancs ?	Kan men niet aan het andere einde van den engpas of van de twee kanten op de hoogte dezer hellingen gelangen ?	Kann man nicht auf die Höhe dieser Böschungen am andern Ende des Engpasses oder von seinen Seiten gelangen ?
Il y a en effet un des flancs dont la pente est moins raide; on pourrait gravir de ce côté.	Eene zijde is niet zoo steil en men kan van daar opklimmen.	Eine Seite derselben ist nicht so steil, und man kann von dieser Seite hinaufsteigen.
N'y a-t-il pas un sentier qui parcourt cet escarpement dans toute sa longueur ?	Bestaat er welligt een voetpad, dat deze helling in hare geheele lengte doorloopt ?	Ist vielleicht ein Fussweg vorhanden, der diese Böschung in ihrer ganzen Längen durchzieht ?
Il y en a un, en effet, qui part du flanc dont je viens de parler, et qui rejoint la route à deux cents pas de la sortie du défilé.	Ja, hij begint op die zijde, waarvan ik u zoo even heb gesproken, en hij vereenigt zich met den grooten weg op twee hondert passen afstand voor den uitgang van den engpas.	Ja, sein Anfang ist auf der Seite, von welcher ich ihnen so eben gesprochen habe, und er vereinigt sich mit der Strasse zwei hundert Schritt vor dem Ausgange des engpasses.
Croyez-vous que les hauteurs de l'escarpement soient propres à cacher une embuscade ?	Gelooft gij, dat de hoogte der helling geschikt is, om er eene hinderlaag te verbergen ?	Glauben Sie, die Höhe der Böschung wäre geeignet, um eine Truppe im Hinterhalt zu verstecken ?

Rivière.	Rivier.	Fluss.
Non, il n'existe pas de gorges ou d'herbes assez hautes qui puissent cacher des hommes; ces derniers seraient bientôt découverts.	Neen, men vindt er geene kuilen en ook geene planten, die hoog genoeg zijn, om eenen troep te verbergen; hij zoude welhaast ontdekt worden.	Nein, es sind keine Schluchten und auch keine Gräser, die hoch genug seyn, um dieselbe zu verbergen, sie würde bald entdeckt werden.
Quelle est la nature du terrain à la sortie du défilé?	Hoe is de grond aan den uitgang van den engpas?	Wie ist das Terrain am Ausgange des Engpasses beschaffen?
Il est plat.	Hij is vlak.	Es ist eben.
Ne pourrait-on pas tourner le défilé?	Zoude men den engpas niet kunnen omgaan?	Kann man den Engpass nicht umgehen?
A moins de se jeter beaucoup à droite, il est impossible de dérober la marche des troupes.	Het is onmogelijk om het voorruken der troepen te verheimelijken, wanneer men niet zeer ver rechts gaat.	Es ist unmöglich den Marsch des Truppen zu verheimlichen, wenn man nicht sehr weit rechts geht.

6.

Reconnaissance d'une rivière. — Verkenning eener rivier. — Recognoscirung eines Flusses.

Comment s'appelle cette rivière?	Hoe noemt men deze rivier?	Wie heist dieser Fluss?
Où prend-elle sa source?	Waar neemt zij haren oorsprong?	Wo entspringt er?
A-t-elle des chutes ou des barrages naturels?	Heeft zij watervallen of natuurlijke dammen?	Hat er Wasserfälle oder natürliche Dämme?
Elle a deux chutes et plusieurs barrages.	Zij heeft twee watervallen en verscheidene dammen.	Er hat zwei Wasserfälle und mehrere Dämme.
La navigation n'en souffre t-elle pas?	Wordt de scheepvaart daardoor niet verhinderd?	Leidet die Schifffahrt nicht darunter?
Nullement, car les chutes ont très peu de hauteur et en dérivant un peu, les bâteaux peuvent les éviter; quant aux barrages, ils sont tous avec pertuis.	In 't geheel niet, want de watervallen zijn niet hoog, en wanneer de schepen slechts een weinig afsteken, dan kunnen zij die vermijden; wat de dammen betreft, die zijn allen van sluisen voorzien.	Gar nicht, denn die Wasserfälle sind nicht hoch, und wenn die Schiffe nur ein wenig abstossen, so können sie dieselben vermeiden; was die Dämme betrifft, sie sind alle mit Schleusen Versehen.
Le cours de la rivière est-il en ligne droite ou sinueux?	Vloeit de stroom in eene rechte lijn, of vormt hij bochten?	Fliest der Strom in gerader Linie, oder bildet er Krümmungen?

Rivière.	Rivier.	Fluss.
Presque partout il forme une suite d'angles saillans et d'angles rentrants.	Bijna overal vormt hij uit en inspringende hoeken.	Fast überall bildet er eine Reihe von aus-und eingehenden Winkeln.
Est-il encaissé ou en rives plates?	Zijn de oevers hoog of vlak?	Sind die Ufer hoch oder eben?
Il n'est encaissé qu'en cet endroit, car en descendant un peu les rives finissent par se confondre avec le sol.	Aan dit oord alleen zijn de oevers hoog, een weinig verder afwaarts worden zij allengskens met den grond gelijk.	Nur an diesem Orte sind die Ufer hoch, denn etwas weiter abwärts, werden sie allmählig mit dem Boden ganz gleich.
Le lit de la rivière est-il constant?	Is het bed der rivier bestendig?	Ist das Bett des Flusses beständig?
Non, il varie presque tous les ans.	Neen het verandert bijna elk jaar.	Nein, es verändert sich fast alle Jahre.
A quoi l'attribue-t-on?	Wat is volgens u, hiervan de oorzaak?	Welcher Ursache schreiben sie dieses zu?
Aux sables qui s'amoncèlent en plusieurs endroits à la suite des grands orages.	De oorzaak hiervan is de zand, die zich aan verscheidene plaatsen, ten gevolge van groote onwéeren ophoopt.	Dem Sande, der sich an mehreren Stellen nach grossen Gewittern anhäuft.
Le courant est-il rapide?	Is de loop der rivier snel?	Ist der Lauf reissend?
Dans les basses eaux, il est de … dans les eaux moyennes de … et dans les hautes eaux de …	Bij laag water is de snelte …, bij middelbaar … en bij hoog water …	Bei niedrigen Wasser ist die Schnelligkeit … bei mittlerem Wasser …, und bei hohen Wasser …
Quelle est la largeur et la profondeur de la rivière à l'état normal?	Welk is de breedte en de diepte der rivier in haren gewoonlijken toestand?	Welches ist die Breite und Tiefe des Flusses in seinem gewöhnlichen Zustande?
La largeur moyenne est de quatre-vingts pieds, et la profondeur de six.	De middelbare breedte is tachtig voet en de diepte is zes voet.	Die mittlere Breite ist achtzig Fuss, und die Tiefe ist sechs Fuss.
Et dans les hautes et basses eaux?	En bij hoog en laag water?	Und bei hohem und niedrigem Wasser?
Dans les hautes eaux, la largeur est quelquefois de cent cinquante pieds, et dans les basses eaux, elle n'est que de cinquante-cinq; quant à la profondeur, elle est de dix pieds dans les hautes eaux, et elle se réduit souvent à trois pendant les grandes chaleurs.	Bij hoogen waterstand is de breedte soms hondert-en-vijftig voet, en bij lagen is zij maar vijf-en-vijftig voet, de diepte is bij hoog water tien voet, maar gedurende de groote hitte valt die ten minste drie voet.	Bei hohem Wasser stande. ist die Breite zuweilen hundert und funzig Fuss, und bei niedrigem ist sie nur fünf und fünfzig Fuss, die Tiefe ist bei hohem Wasser zehn Fuss; aber während der grosen Hitze fällt dieselbe wenigstens um drei Fuss.
Où se trouvent les plus grandes profondeurs?	Waar zijn de grootste diepten?	Wo sind die grössten Tiefen?

Rivière.	Rivier.	Fluss.
Sur la rive droite.	Op den rechter oever.	Auf dem rechten Ufer.
Quand, et à quelle limite, la rivière devient-elle guéable?	In welk jaargetijde en hoever wordt de rivier doorwaadbaar?	Zu welcher Zeit und wie weit wird der Fluss furtbar?
Partout dans les basses eaux, et seulement en deux endroits dans les eaux moyennes.	Overal bij laag water, maar slechts aan twee plaatsen bij middelbaren waterstand.	Überall bei niedrigem Wasser,. und nur an zwei Orten bei mittlerem Wasserstande.
Quels sont ces endroits?	Welke zijn die plaatsen?	Welches sind diese Stellen?
La rivière est-elle sujette à des crues périodiques?	Is de rivier op gestelde tijden aan aangroeiingen onderworpen?	Ist der Fluss periodischen Anschwellungen unterworfen?
Oui, il y en a deux par an, au mois d'avril et au mois de novembre.	Ja, tweemaal in het jaar, eenmaal in april en dan in november.	Ja, zweimal des Jahres, einmal im April und alsdann im November.
Quelle est la durée ordinaire de la première crue?	Hoe lang duurt gewoonlijk de eerste aangroeiing?	Wie lange dauert gewöhnlich der erste Anwachs?
Environ trois semaines; quant aux autres, elles ne durent pas plus de dix jours.	Omtrent drie weken; de andere ten hoogste tien dagen.	Ungefähr drei Wochen, die andern dauern höchtens zehn Tage.
Jusqu'où les inondations s'étendent-elles dans les vallées?	Hoe ver worden de vlakten overstroomt?	Wie weit werden die Thäler überschwemmt?
Il y a au moins six pouces d'eau jusqu'à une demi lieue de distance.	Een half uur ver staat het water ten minste zes duim hoog.	Eine halbe Stude weit steht das Wasser wenigstens sechs Zoll hoch.
A-t-on élevé des digues ou des écluses pour s'en garantir?	Heeft men dijken of sluisen aangelegd om zich daarvoor te beveiligen?	Hat man Dämme, oder Schleusen errichtet, um sich davor zu sichern?
On a en effet construit des digues; mais qui sont fortement endommagées par suite des filtrations.	Men heeft dijken aangelegd, maar door de menigvuldige doorzijgingen zijn die zeer beschadigd geworden.	Man hat Dämme erbaut, aber sie sind durch die häufigen Durchseigungen sehr beschädigt.
Elles n'ont donc souffert qu'à leur base?	Zij hebben dus maar in hunne grondlaag geleden?	Sie haben also nur an ihrer Grundlage gelitten?
Oui, leur massif est resté intact.	Ja, de dijk zelve is onbeschadigd.	Ja, der Damm selbst ist unversehrt.
Sont-elles éloignées de la rivière?	Zijn de dammen van de rivier verwijderd?	Sind sie vom Flusse entfernt?
Non, elles forment pour ainsi dire la rive droite sur une longueur de sept cents pas.	Neen, zij vormen om zoo te zeggen in eene lengte van zeven hondert passen den rechter oever.	Nein, sie bilden, so zu sagen, in einer Länge von sieben hundert Schritt das rechte Ufer.
Où la rivière se divise-t-elle?	Waar verdeelt zich de rivier?	Wo theilt sich der Fluss?

Rivière.	Rivier.	Fuss.
A ..., à deux lieues et demie d'ici.	Bij ... twee en een half uur van hier.	Bei ... dritthalb Stunden von hier.
Quelle est l'importance de ses bras ?	Zijn de armen van belang?	Sind die Arme beträchtlich ?
Ils n'en ont pas beaucoup, à cause de leur peu de largeur et de leur peu de profondeur.	Zij zijn van niet veel belang uit rede hunner geringe breedte en diepte.	Nicht sehr, wegen ihrer geringen Breite und Tiefe.
Quelle est la nature du fond de la rivière ?	Waaruit bestaat de grond der rivier ?	Woraus besteht der grund des Flusses ?
Il est de sable mêlé de gravier.	Hij bestaat uit keizand of gruis.	Er besteht aus Kiesel mit Sand vermischt.
Les rives sont-elles de roche, de sable, de gravier ou en terrain fangeux ?	Zijn de oevers van rotsen, zand of gruis gevormd of zijn die slijkachtig ?	Sind die Ufer von Felsen, Sand, Kies oder Schlamm gebildet?
Elles participent de la nature du fond.	Zij veranderen volgens de gesteltenis van de grond.	Sie sind wie der Boden beschaffen.
Relativement à leur configuration, sont-elles plates ou en pente, escarpées, verticales ou creuses ?	Zijn de oevers in betref hunner gestalte vlak of schuins, stijl, rechtvallend of uitgehoold?	In Hinsicht ihrer gestalt, sind die Ufer eben oder abhängig; steil, senkrecht oder hohl?
Elles vont un peu en pente et ne sont escarpées qu'à...où elles forment un talus presque vertical.	Zij loopen allengskens berg af, bij ... alleenlijk worden zij steil en vormen eene bijna loodrechte helling.	Sie laufen allmählig Berg ab, und sie sind nur bei ... abschüssig, wo sie eine fast senkrechte Böschung bilden.
Quelle est leur hauteur au-dessus du niveau normal ?	Hoe hoog zijn zij boven de gewoonlijke watervlakte verheven ?	Wie hoch sind sie über den gewöhnlichen Wasserspiegel ?
Elle est de ... pieds.	Zij zijn ... voet hoog.	Sie sind ... Fuss hoch.
Sont-elles couvertes de pierres, de bois ou de prairies ?	Zijn de oevers steenachtig met bosschen of weilanden bedekt?	Sind die Ufer steinig, mit Gehölz oder mit Wiesen bedeckt ?
Elle sont presque toutes en prairies.	Het zijn bijna overal weiden.	Es sind fast lauter Wiesen.
Leurs bords sont-ils plantés ?	Zijn de boorden der rivier beplant?	Sind die Gestade angebaut ?
En très peu d'endroits.	Slechts aan eenige plaatsen.	Nur an einigen Orten.
Peut-on en naviguant raser les bords sans avoir à craindre les éboulements?	Kan men kort op den oever met een voertuig rijden, zonder eene inzakking te vreezen ?	Kann man nahe an den Ufern hinfahren, ohne einen Einsturz zu befürchten?
On ne pourrait pas le faire sans danger.	Men kan het niet zonder gevaar doen.	Man kann es nicht ohne Gefahr thun.
La rive gauche commande-t-elle toujours la rive droite ?	Is de linker oever overal verhevener dan de rechter?	Ist das linke Ufer immer erhabener als das rechte ?

Le commandement est alternatif.	Afwisselend.	Abwechselnd.
La rivière gèle-t-elle ?	Vriest de rivier soms toe ?	Friert der Fluss zu ?
Seulement dans les hivers rigoureux ; car en temps ordinaire elle ne fait que charrier.	Alleen bij zeer strenge winters ; want gewoonlijk drijft hij maar met ijs.	Nur in sehr strengen Wintern, denn gewöhnlich geht er nur mit Eis.
Sur combien de ponts passe-t-on la rivière, du point où nous sommes jusqu'à N...?	Hoeveel bruggen liggen over de rivier van hier tot N...?	Uber wie viele Brücken geht man von hier bis nach N...?
Sur trois.	Over drie bruggen.	Uber drei.
N'y a-t-il que ces trois ponts qui fassent communiquer les deux rives ?	Zijn er maar drie bruggen, die den eenen oever met den anderen verbinden?	Gibt es nur diese drei Brücken, die ein Ufer mit dem andern verbinden ?
N'y a-t-il pas aussi des bacs ?	Zijn er geene veren ?	Gibt es auch Keine Fähren ?
Il y en a effectivement deux, l'un qui est placé en amont du pont de pierre et l'autre en aval du pont de bois.	Er zijn er twee, de eene bevindt zich opwaarts van de steenen brug, de andere van de houten brug.	Man hat deren Zwei die eine befindet sich aufwärts von der steinernen Brücke, die andere abwärts von der hölzernen Brüke.
Ainsi il y a donc en tout, cinq points de passage,	Er zijn dus in het geheel vier overgangspunten ?	Es gibt also im Ganzen fünf Ubergangspunkte?
Oui, sans compter les gués.	Ja, de waadbare plaatsen niet medegerekend.	Ja, die Furten nicht mit gerechnet.
La rivière est-elle navigable?	Is de rivier bevaarbaar?	Ist der Fluss schiffbar?
Oui, depuis le village de ... jusqu'à son embouchure, au-dessus elle n'est plus que flottable.	Ja, van het dorp ... aan tot aan haren mond ; maar bovenwaarts dezer plaats is zij slechts vlotbaar?	Ja, von dem Dorfe ... an bis zu seiner Mündung ; oberhan dieses Ortes ist er nur flössbar.
Est-elle navigable en toute saison?	Is zij in elk jaargetijde vaarbaar ?	Ist er in jeder Jahreszeit schiffbar?
Non, la navigation est interrompue à l'époque des crues et des sécheresses.	Neen, de scheepvaart is gedurende de aangroeiingen en bij buitengewoone droogte onderbroken.	Nein, die schifffahrt ist während der Anschwellungen und bei groser Trockenheit unterbrochen.
Combien de bâteaux et de nacelles environ pourrait-on rassembler entre ... et ...?	Hoeveel schepen en schuiten zoude men zich kunnen verschaffen tusschen ... en ...?	Wie viel Schiffe und Nachen ungefähr kann man zwischen ... und ... sich verschaffen ?
Il y a bien dix bâteaux et une quarantaine de nacelles.	Omtrent tien schepen en veertig kleinere vaartuigen.	Es gibt etwa zehn Schiffe und vierzig Nachen.

Rivière.	Rivier.	Fluss.
Combien d'hommes peuvent tenir dans une de ces nacelles ?	Hoeveel man kan zulk een klein vaartuig of boot inhouden ?	Wie viel Mann kann ein solcher Nachen enthalten ?
Chacune peut facilement en transporter dix.	Elk kan tien man zonder gevaar overzetten.	Ieder kann zehn Mann ohne Gefahr überführen.
Quel est le nombre de bâteaux qui montent et descendent, année commune ?	Welk is het getal der schepen die jaar in jaar uit af en op varen ?.	Welches ist die Anzahl Schiffe die, ein Jahr ins andere hinab und herauffahren ?
Il peut y en avoir vingt-quatre.	Omtrent vier-en-twintig.	Es sind deren etwa vier und zwanzig.
Quelle est la grandeur de ces bâteaux ?	Hoe groot zijn deze vaartuigen ?	Wie gross sind diese Schiffe ?
Ils ont quarante pieds de long et onze de large.	Zij zijn veertig voet lang en elf voet breed.	Sie sind vierzig Fuss lang und elf Fuss breit.
De quoi se compose leur chargement ?	Waaruit bestaat de lading ?	Woraus besteht die Ladung ?
De planches, de madriers et de matériaux pour la bâtisse.	Zij bestaat uit planken, balken en bouwstoffen.	Sie besteht aus Brettern, Bohlen und Baumaterialien.
Combien portent-ils ?	Hoe zwaar is de lading van elk vaartuig ?	Wie schwer ist die Ladung eines schiffes ?
Vingt tonneaux.	Twintig tonnen.	Zwanzig Tonnen.
Quel est leur tirant d'eau avec la charge ordinaire ?	Welk is de waterdracht bij gewoonlijke lading ?	Wie tief fahren (gehen) sie im Wasser bei der gewöhnlichen Ladung ?
Environ ...	Omtrent ...	Ungefähr ...
Quel est le prix de transport du quintal ?	Hoeveel bedraagt de vracht per honderd pond ?	Wie viel beträgt die Fracht für einen Zenter (100 Pfund) ?
Combien ces bâteaux mettent-ils de temps à faire le trajet ?	Hoeveel tijd hebben de schepen tot hunne vaart noodig ?	Wie viel Zeit brauchen die Schiffe, um die Fahrt zu machen ?
Vingt heures.	Twintig uren.	Zwanzig Stunden.
Combien d'îles la rivière forme-t-elle ?	Hoeveel eilanden vormt de rivier ?	Wie viel Inseln bildet der Fluss ?
Trois : la plus considérable est en amont du pont de pierre ; l'autre est en aval du pont de bois, et la troisième est à neuf cents pas de la première.	Drie : het voornaamste ligt opwaarts van de steenen brug, het andere van de houten brug en het derde is negen honderd passen van het eerste verwijderd.	Drei : die beträchtlichste lägt aufwärts von der Steinernen Brücke ; die andere ist unterhalb der hölzernen Brücke, und die dritte ist neun hundert Schritt von der ersten entfernt.
La première de ces îles est-elle habitée, boisée, cultivée ou en bruyères ?	Is het eerste eiland bewoond, met hout bewassen, bebouwd of heiland ?	Ist die erste bewohnt, waldig, angebaut oder liegt sie brach ?
Elle est en partie boisée et en partie cultivée.	Het is gedeeltelijk met hout bewassen, gedeeltelijk bebouwd.	Sie ist theils waldig, theils angebaut.

Ruisseau.	Beek.	Bach.
Quelle est sa grandeur ?	Hoe groot is het eiland ?	Wie gros ist sie ?
Elle a …	Het heeft …	Sie hat …
Quelle est sa position par rapport aux deux rives ?	Welk is zijne ligging wat aangaat de beide oevers?	Welches ist ihre Lage in Beziehung auf die beiden Ufer ?
Elle n'est éloignée de la rive droite que de trente pas.	Het is van den rechter oever slechts dertig passen verwijderd.	Sie ist von dem rechten Ufer nur dreissig Schritte entfernt.
Domine-t-elle cette rive?	Is het boven den oever verheven ?	Ist sie über dem Ufer erhaben ?
Non, elle est au contraire dominée par elle.	Neen, het ligt in tegendeel dieper.	Nein, sie liegt im gegentheil tiefer.
Ces îles sont-elles inondées à l'époque des crues ?	Staan de eilanden gedurende de aangroeiingen onder water ?	Sind, während der Wasseranwachsungen, die Inseln überschwemmt?
Seulement les deux petites.	Slechts de twee kleinere.	Nur die zwei kleinen.
La rivière ne forme-t-elle pas aussi une presqu'île?	Vormt de rivier ook een schiereiland ?	Bildet der Fluss nicht auch eine Halbinsel ?
Oui, il y en a une qui est formée par un bras de la rivière en partie desséché.	Ja, men vindt er een, dat door eenen bijna uitgedroogden arm der rivier gevormd wordt.	Ja, man findet eine, die durch einen fast ausgetrockneten Arm des Flusses gebildet wird.
Quelle espèce de pont pourrait-on établir pour communiquer avec cette presqu'île?	Wat voor eene brug zoude men kunnen slaan om zich met het schiereiland in verbinding te zetten ?	Was für eine Brücke könnte man schlagen, um sich mit dieser Halbinsel in Verbindung zu setzen ?
Le bras a si peu de largeur qu'il suffirait d'établir un pont de chevalets.	De arm is zoo smal dat eene brug op schragen voldoende ware.	Der Arm ist so schmal, das es hinreichend wäre, eine Bockbrücke zu errichten.

7.

**Reconnaissance d'un ruisseau. — Verkenning eener beek. —
Recognoscirung eines Baches.**

Quel est le principal affluent de la rivière ?	Welk is het voornaamste water, dat de rivier in haren loop opneemt?	Welches ist der Hauptnebenfluss?
Où prend-elle sa source?	Waar neemt dat water zijnen oorsprong?	Wo entspringt er ?
A trois lieues d'ici, près d'une ferme.	Drie uren van hier, bij eene pachthoeve.	Drei Stunden von hier, nahe bei einem Meierhofe.
Quelle est sa profondeur moyenne ?	Welk is zijne middelbare diepte ?	Welches ist seine mittlere tiefe ?
Quatre à cinq pieds.	Vier tot vijf voet.	Vier bis fünf Fuss.

Ruisseau.	Beek.	Bach.
Ce ruisseau est-il fortement encaissé?	Zijn de oevers zeer hoog?	Sind die Ufer sehr hoch?
Non, il ne l'est qu'à sa jonction avec la rivière.	Neen, uitgezonderd bij den zamenloop in de rivier.	Nein, nur bei seiner Verbindung mit dem Flusse.
Sa largeur est-elle à peu près égale partout?	Is de beek overal even breed?	Ist er überall gleich breit?
Non, elle varie : la plus grande est de vingt pieds, et la plus petite de neuf.	Neen, zij veranderd; de grootste breedte is twintig en de kleinste negen voet.	Nein, er verändert sich; die gröste Breite ist zwanzig fuss, und die geringste neun Fuss.
Quelle est la direction du ruisseau?	Welke richting neemt de beek?	Welches ist die Richtung des Baches?
Il va de l'est à l'ouest, dans une direction à peu près perpendiculaire à celle de la rivière.	Zij vloeit van oosten naar westen in eene loodrechte lijn met de rivier.	Er fliest von Osten nach Westen, in einer mit dem Flusse fast senkrechten Richtung.
Est-il sujet à des crues?	Groeit zij somwijlen aan?	Schwillt er mit unter an?
Comme il coule dans un pays généralement plat, il n'y a qu'une crue en hiver, et quelquefois à la suite de grandes pluies.	Daar zij in een vlak land vloeit, groeit zij slecht in de winter aan, en soms ook na groote regenbuien.	Da er in einem flachen Lande fliest, so schwillt er blos im Winter an, und zu weilen nach grosen Regengüssen.
La crue d'hiver amène-t-elle un débordement?	Veroorzaakt het hoogwater in den winter eene overstrooming?	Verursacht der Winteranwuchs eine austretung?
Il est peu considérable.	Zij is zeer onbeduidend.	Sie ist sehr unbeträchtlich.
De quelle nature est le fond du ruisseau?	Waaruit bestaat de grond der beek?	Woraus besteht der grund des Baches?
Il est généralement vaseux.	Hij is over 't algemeen slijkachtig.	Er ist im allgemeinen schlammig.
Le ruisseau fait-il beaucoup de coudes?	Vormt zij vele bochten?	Bildet der Bach viele krümmungen?
Ils sont peu prononcés.	Zij zijn onbeduidend.	Sie sind unbedeutend.
Y a-t-il d'autres cours d'eau qui alimentent la rivière?	Ontlasten zich nog andere wateren in deze beek?	Fallen noch andere Gewässer in den Bach?
Oui, il y en a plusieurs, mais qui demeurent à sec dans les fortes chaleurs.	Ja, er zijn er verschijdene, maar bij de groote hitte verdrogen zij.	Ja. es gibt mehrere, aber bei der grosen Hitze trocknen sie aus.
Sont-ils généralement encaissés?	Hebben zij in 't algemeen hooge oevers?	Haben sie im allgemeinen hohe Ufer?
Fort peu.	Zeer weinig.	Sehr wenig.
Combien de moulins e ruisseau fait-il aller?	Hoeveel molens worden door deze beek gedreven?	Wie viele Mühlen treibt der Bach?

Canal.	Vaart.	Canals.
Huit, savoir : deux à blé, un à papier, deux à foulon, un à huile et deux à tan.	Acht ; namelijk twee graanmolens, een papiermolen, twee volmolens, een oliemolen en twee runmolens.	Acht ; nämlich zwei Kornmühlen, eine Papiermühle, zwei Walkmühlen, eine Ohlmühle und zwei Lohmühlen.
N'y a-t-il pas aussi des usines qui ont des prises d'eau sur le ruisseau ?	Zijn er nog andere werkhuizen, welke water van de beek afleiden ?	Befinden sich auch Hammerwerke in der Umgegend, welche Ableitungen von dem Flusse machen ?
Il y en a deux, une fenderie et une scierie.	Twee, eéne ijzerklieverij en een zaagmolen.	Es gibt deren zwei, einen Eisenhammer und eine Sägemühle.
Le ruisseau est-il guéable dans la plus grande partie de son cours ?	Is de beek grootendeels waadbaar ?	Ist der Bach gröstentheilsfurtbar ? (Kann man den Bach durchwaten ?)
Il ne l'est, que lorsque les vannes des moulins sont toutes levées.	Zij wordt waadbaar, wanneer de sluisen der molens worden opgetrokken.	Es wird furtbar, wenn die Schutzbretter der Mühlen aufgezogen werden.
Savez-vous combien de temps à peu près met à s'écouler l'eau contenue dans les réservoirs de chaque moulin ?	Hoeveel tijd heeft het water noodig om uit de twee molenvijvers aftevloeien ?	Wie lange braucht das Wasser, um aus den zwei Mühlenbehältern abzufliessen ?
Environ un quart d'heure.	Omtrent een kwartier.	Ungefähr eine Viertelstunde.

8.

Reconnaissance d'un canal. — Verkenning eener vaart. — Recognoscirung eines Canals.

Comment s'appelle ce canal ?	Hoe noemt men deze vaart ?	Wie heist dieser Canal ?
C'est le canal de ...	Het is de vaart van ...	Es ist der Canal von ...
Est-ce un canal de dérivation ?	Is het eene afleidingsvaart ?	Ist es ein Ableitungscanal ?
Non, c'est un canal de jonction.	Neen, het is eene verbindingsvaart.	Nein, es ist ein Verbindungscanal.
Quelles rivières joint-il ?	Welke rivieren verbindt zij met elkander ?	Welche Flüsse verbindet er ?
Il réunit la ... à la ..., affluent de la ...	Zij verbindt de ... met de ... eene kleinere rivier, welke zich in de ... ontlast.	Er vereinigt die ... mit der ... einem nebenflusse der ...
Quelle est sa longueur totale ?	Welke is hare geheele lengte ?	Welches ist seine Gesammtlänge ?
Il a six lieues depuis ... jusqu'à ...	Hare geheele lengte is zes uren van ... tot ...	Er ist sechs Stunden lang von ... nach ...
Comment le bief de partage est-il alimenté ?	Op welke wijze worden de waterleidingen bewerkstelligd ?	Auf welche art ist der Theilungswassergang bewässert ?

Canal.	Vaart.	Canal.
Par des étangs.	Door vijvers.	Durch Teiche.
Le canal ne chôme-t-il pas quelquefois pendant l'été, par manque d'eau?	Wordt de vaart niet somwijlen in den zomer door gebrek aan water onbevaarbaar?	Ist der Canal nicht zuweilen des Sommers aus Mangel an Wasser unschiffbar?
Rarement.	Maar zeer zelden.	Nur selten.
Quelle est la hauteur du niveau par rapport à ... et à ...?	Hoe hoog is de watervlakte bij ... en bij ...?	Wie hoch erhebt sich der Canal bei ... und bei ...?
Il est levé de quinze pieds au-dessus de ... et de cinquante au-dessus de ...	Zij is bij ... vijftien en bij ... vijftig voeten hoog.	Er ist bei ... fünfzehn, und bei ... fünfzig Fuss hoch.
Par combien d'écluses cette différence de niveau est-elle rachetée?	Door hoeveel sluisen wordt dit verschil in den waterstand bewerkstelligd?	Durch wie viele Schleusen wird dieser Unterschied im Wasserstand bewirkt?
Par six.	Door zes sluisen.	Durch sechs Schleusen.
Comment sont-elles construites?	Hoe zijn die gebouwd?	Wie sind sie gebaut?
On les avait d'abord faites en bois, mais les frais d'entretien ont engagé le gouvernement à les construire en pierre.	In den beginne waren zij in hout gemaakt, maar de kosten van onderhoud hebben de regering genoopt dezelve in steen te laten bouwen.	Anfangs hatte man sie aus Holz gemacht, aber die Unterhaltungskosten haben die Regierung veranlast, sie aus Steinen verfertigen zu lassen.
Sont-elles toutes construites sur le modèle de celle-ci?	Zijn ze allen zoo als deze hier gebouwd?	Sind sie alle wie diese hier erbaut?
A très peu de chose près.	Omtrent.	Beinahe so.
Quelle est la largeur du fond du canal?	Hoe breed is de vaart op den grond?	Wie breit ist der Canal auf dem Grunde?
Trente pieds.	Dertig voet.	Dreissig Fuss.
Et au niveau de l'eau?	En op de oppervlakte des waters?	Und auf der Oberfläche des Wassers?
Cinquante.	Vijftig voet.	Fünfzig.
Le fond est-il vaseux?	Is de grond modderrachtig?	Ist der Grund schlammig?
Non, il est de sable.	Neen, hij is zandig.	Nein, er ist Sandig.
Quels sont les bâteaux qui parcourent le canal?	Wat soort van schepen varen op deze vaart?	Was für Schiffe fahren auf dem Canale?
Ce sont les bâteaux d'approvisionnement.	Schepen, welke voorraad vervoeren.	Die Proviantschiffe.
Quelle est la nature de leur chargement?	Waaruit bestaat de lading?	Woraus besteht ihre Ladung?
Il consiste en céréales et en bois de chauffage.	Zij bestaat uit koren en brandhout.	Sie besteht aus korn und Brennholz.
Quelle est leur dimension?	Welk is hunne grootte?	Welches ist ihre Grösse?
Ils ont quarante pieds de long et douze de large.	Zij zijn veertig voet lang en twaalf voet breed.	Sie sind vierzig Fuss lang und zwölf Fuss breit.

Quel est leur tonnage?	Hoe zwaar kunnen zij laden?	Wie schwer ist ihre Ladung?
Cinquante tonnes ou cinq cents quintaux.	Vijftig tonnen of vijf honderd centenaars.	Fünfzig Tonnen oder fünf hundert Zentner.
Quel est le prix du transport du quintal, du point d'expédition au point d'arrivée?	Welk is de vracht per honderd pond van de plaats van afvaart tot de plaats van bestemming?	Welches ist die Fracht für einen Zentner, vom Abfahrtsort an bis zum Ankunftsorte?
Deux ...	Twee ...	Zwei ...
Combien de temps mettent les bâteaux à faire le trajet?	Hoeveel tijd hebben de schepen tot de reis noodig?	Wie lang Zeit brauchen die Schiffe zur Reise?
Huit heures.	Acht uren.	Acht Stunden.
Le chemin de halage est-il bien entretenu?	Wordt de trekweg goed onderhouden?	Ist der Trödelweg (die Beinstrasse) wohl unterhalten?
Non, il aurait besoin d'être réparé.	Neen, hij zou moeten hersteld worden.	Nein, man müste ihn (sie) ausbessern.
Le canal est-il dans toute sa longueur planté de deux rangées de peupliers?	Is de vaart in hare geheele lengte met rijen van populieren beplant?	Hat der Canal in seiner ganzen Länge eine Pappelnallee?
Oui.	Ja.	Ja wohl.

<h2 style="text-align:center">9.</h2>

Reconnaissance d'un pont en pierre. — Verkenning eener steenen brug. — Recognoscirung einer steinernen Brücke.

Combien y a-t-il de ponts jetés sur la rivère entre ... et ...?	Hoeveel bruggen zijn over deze rivier geslagen van ... tot ...?	Wie viele Brücken sind über diesen Fluss zwischen ... und ... geschlagen?
Il y en a quatre, y compris un pont suspendu.	Vier, eene hangende brug er bij geteld.	Vier, eine Hängebrücke mitgerechnet.
Quelle est leur position?	Waar zijn zij gebouwd?	Wo sind sie erbaut?
Le premier est à la sortie du bourg que vous voyez là bas, le second est à deux lieues sur la grande route, le troisième à une lieue sur la droite de ... et le pont suspendu est à ...	De eerste bevindt zich aan den uitgang van het vlek, dat gij daar beneden ziet, de tweede is twee uren van deze verwijderd aan den grooten weg, de derde is een uur rechts van ..., en de hangende brug is bij ...	Die erste ist am Ausgange des Marktfleckens, die Sie da unten sehen, die zweite ist zwei Stunden von dieser entfert an der Hauptstrasse, die dritte ist eine Stunde rechts von ... und die Hängebrücke ist bei ...
Comment est construit le premier pont?	Hoe is de eerste gebouwd?	Wie ist die erste gebaut?
Il est en pierre avec piles, culées et arches en maçonnerie.	De eerste is van steen met pijlers, hoekmuren en bogen van metselwerk.	Sie ist aus Stein gebaut, mit Pfeilern, Widerlagen und Gewölben aus Mauerwerk.

Pont en pierre.	Steenen brug.	Steinernen Brücke.
Quelles sont ses dimensions?	Welk zijn de verhoudingen van lengte en breedte der brug?	Welches sind die Länge und Breiteverhältenisse der Brücke?
Il a une longueur totale de quatre-vingts pieds, sa largeur est de douze, non compris les trottoirs.	Zij is in het geheel tachtig voet lang en twaalf voet breed, de voetwegen niet medegerekend.	Sie ist im ganzen achtzig Fuss lang und zwölf Fuss breit, die Fussteige nicht mitgerechnet.
Combien y a-t-il d'arches, et quelle est leur amplitude?	Hoeveel bogen heeft de brug en hoe breed zijn dezelve?	Wie viele Joche hat die Brücke, und wie weit sind sie?
Il y en a trois de vingt-quatre pieds d'ouverture.	Zij heeft drie bogen, welke vier-en-twintig voet breed zijn.	Es gibt deren drei, die vier und zwanzig Fuss breit sind.
Les voûtes sont-elles bien épaisses?	Zijn de bruggewelven zeer dik?	Sind die Gewölbe sehr dick?
A la clef, il peut y avoir deux pieds et demi, y compris le pavé.	Aan de slatsteenen hebben zij twee en een halve voet dikte, wanneer men den kasseiweg er bij telt.	An dem Schlusssteine haben sie dritthalb Fuss dick, wenn man das Pflaster mitrechnet.
Y a-t-il une arche marinière?	Heeft de brug eenen boog voor de schepen?	Hat die Brücke ein Joch für Schiffe?
Oui, et c'est celle du milieu; il en résulte que le pont étant en dos d'âne, une voiture pesamment chargée éprouve assez de peine à le traverser.	De middelste boog is daartoe bestemd om deze reden is de brug naar beide zijden afhellig, en een zwaar geladene wagen heeft der halve moeite om er over te rijden.	Das in der Mitte ist hierzu bestimmt, deshalb ist die Brücke nach beiden seiten abhängig, und ein schwer beladener wagen hat daher Mühe darüber zu fahren.
Le pont a-t-il des parapets?	Heeft de brug eene borstwering?	Hat die Brücke Geländer?
Non, il n'a qu'un garde-fou en fer.	Neen, zij is slechts van eene ijzeren leuning voorzien.	Nein, sie hat nur eine Brückenlehne die aus Eisen gemacht ist.
Les culées sont-elles avec retour?	Zijn de hoekmuren teruggebogen?	Sind die Widerlagen zurückgebogen?
Non, elles forment le dé.	Neen, zij vormen een dobbelsteen of cubus.	Nein, sie bieten einen Würfel.
Quel est l'objet de ce pont?	Waartoe dient de brug?	Wozu dient die Brücke?
C'est la seule communication du bourg avec la grande route.	Het is de eenige verbinding tusschen het vlek en den grooten steenweg?	Es ist die einzige Verbindung zwischen dem Marktflecken und der Landstrasse.
Les maisons du bourg touchent-elles au pont?	Liggen de huizen des vleks aan de brug?	Stossen die Häusser des Marktfleckens an die Brücke?

Pont en pierre.	Steenen brug.	Steinernen Brücke.
La poste aux chevaux n'en est qu'à dix pas.	De paardenpost is ten hoogsten tien passen er van verwijderd.	Die Pferdepost ist höchstens zehn schritt davon entfernt.
N'y a-t-il pas aussi des maisons sur la rive en deça, a portée de fusil, et d'où l'on aurait vue sur le pont, en supposant que l'on occupât le village?	Liggen er aan deze zijde des oevers niet eenige huizen op eenen geweerschot afstands van de brug, van waar men op de brug kan zien, verondersteld dat men het dorp bezet hield?	Gibt es auf dem diesseitigen Ufer nicht einige Häuser auf Flinten schussweite, und von welchen man auf die Brücke sehen könnte, vorausgesetzt, das man das Dorf besetzt hält?
Oui, il y a en effet un groupe de trois habitations, à deux cents pas de distance sur la gauche.	Ja, er staat daar een groep van drie wooningen twee honderd passen ver links.	Ja, es befindet sich eine Gruppe von drei Wohnungen zwei hundert Schritt weit links.
La rive sur laquelle est bâtie la petite ville, domine-t-elle l'autre?	Is de oever waarop de kleine stad gebouwd is hooger dan de andere?	Ist das Ufer, auf welchem die kleine Stadt gebaut ist, höher als das andre?
Non, elles sont à peu près à même hauteur.	Neen, zij zijn beiden bijna even hoog.	Nein, sie sind beide fast in derselben Höhe.
Du pont peut-on enfiler la rue principale?	Kan men van op de brug de hoofdstraat bestrijken?	Kann man von der Brücke aus die Hauptstrasse bestreichen?
Non, elle fait un coude à droite, à quarante pas de distance.	Neen, zij vormt veertig passen rechts van de brug eenen boog.	Nein, sie macht vierzig Schritt rechts von der Brücke einem Bogen.
Le terrain au débouché du pont est-il bien découvert?	Is de grond aan den uitgang der brug geheel vrij?	Ist der Boden am Ausgange der Brücke ganz frei?
Oui, on est en rase campagne.	Ja, men is in het vrije veld.	Ja, man ist im freien Felde.
Y a-t-il plusieurs chemins qui aboutissent au pont?	Zijn er verscheidene wegen, die naar de brug geleiden?	Führen mehrere Wege nach der Brücke?
Il n'y a que la route, et un chemin secondaire qui conduit à l'usine.	Maar alleen de grooteweg, en een nevenweg, die naar het fabriekgebouw loopt.	Nur die Hauptstrasse, und ein Nebenweg, der nach dem Fabrikgebäude führt.

10.

Reconnaissance d'un pont en bois. — Verkenning eener houten brug. — Recognoscirung einer Hölzernen Brücke.

Comment est construit le second pont ?	Hoe is de tweede brug gebouwd ?	Wie ist die zweite Brücke gebaut ?
Celui-ci n'a que les piles et les culées en maçonnerie ; les travées sont en bois, ainsi que le garde-fou.	Deze heeft alleen de pijlers en hoekmuren in metselwerk, de schoot en de leuning zijn van hout gemaakt.	Diese hat nur die Pfeiler und die Widerlager aus Mauerwerk, die Jochfelder, so wie die Brückenlehne, sind aus Holz gemacht.
Est-il surchargé d'un moulin ou couvert d'un appentis ?	Staat er een molen op, of is zij van een afdak voorzien ?	Befindet sich eine Mühle darauf, oder ist sie mit einem Dache versehen ?
Il est couvert d'un appentis dans toute sa longueur.	Zij is in hare geheele lengte met een afdak bedekt.	Sie ist mit einer Bedachung in ihrer ganzen Länge versehen.
Quelles sont les dimensions du pont ?	Welk is de uitgestrektheid dezer brug ?	Welches sind die Ausdehnungen der Brücke ?
Sa longueur est de soixante pieds, et sa largeur de douze.	Zij is zestig voet lang en twaalf voet breed.	Sie ist sechzig Fuss lang und zwölf Fuss breit.
Combien y a-t-il de travées ?	Hoeveel dwarsbalken heeft de brug ?	Wie viel Jochfelder hat die Brücke ?
Il y en a quatre.	Vier.	Vier.
Quelle est l'épaisseur totale du tablier ?	Welk is de gezamenlijke dikte van den schoot der brug ?	Welches ist die Gesammtdike der Brückendecke ?
Deux pieds.	Twee voet.	Zwei Fuss.
Le tablier n'est-il pas renforcé par des arcs-boutants ?	Is de brug niet door steunpilaren versterkt ?	Ist die Decke nicht durch Strebepfeiler verstärkt ?
Oui, il y a des jambes de force qui le lient aux piles et aux culées.	Ja, zij is met gebind voorzien, welke die met de pijlers en hoekmuren verbindt.	Ja, sie ist mit Zwischenpfeilern versehen, die sie mit den Pfeilern und Widerlagern verbinden.
Faudrait-il beaucoup de temps pour les scier ?	Heeft men lang tijd noodig om die door te zagen ?	Braucht man lange, um dieselben durchzusägen ?
Ce serait l'affaire d'une demi heure.	Een half uur.	Eine halbe Stunde.
Pensez-vous que cette opération diminuerait de beaucoup la solidité du pont ?	Gelooft gij, dat daardoor de vastheid der brug zeer verminderd zoude worden ?	Glauben Sie, dass hierdurch die Festigkeit der Brücke um vieles verringert würde ?
Il faudrait après cela bien peu de chose, pour le d'étruire entièrement.	Na dezen arbeid zoude weinig moeite gevorderd worden om de brug te verwoesten.	Nach dieser Arbeit würde wenig Mühe erfordert, um sie zu zerstören.

Pont en bois.	Houten brug.	Hölzernen Brücke.
Est-il en bon état?	Is zij in goeden staat?	Ist sie in gutem Zustande?
Non, il y a des poutres qui sont à moitié pourries, et qu'il faudrait renouveler.	Neen, zij heeft half verralte balken, die door nieuwe zoude moeten vervangen worden.	Nein, sie hat halb verfaulte Balken, die man ersetzen müsste.
Croyez-vous qu'il soit encore assez solide, pour qu'une colonne d'artillerie avec ses équipages, puisse passer sans danger?	Gelooft gij, dat zij nog sterk genoeg is, ten einde er een kolom artillerie met hare uitrusting zonder gevaar zoude kunnen overgaan?	Glauben Sie, dass sie noch fest genug sey, damit eine Artillerie colonne, mit ihrer Equipage, sie ohne Gefahr überschreiten könne?
Oui, mais pour plus de précaution, il faudrait qu'il ne passât pas plus d'une voiture à la fois et au pas.	Ja, maar uit meeder voorzichtigheid ware het beter, dat slechts een wagen na den anderen op stap overreed.	Ja, aber zur grösseren Versicht wäre es besser, dass nur ein Wagen nach dem andern, und zwar im Schritte hinüberginge.
Quel est l'objet de ce pont?	Waartoe dient die brug?	Wozu dient die Brück?
Il sert de communication aux deux villages situés sur chacune des rives.	Zij verbindt de twee dorpen, welke op beide oevers liggen.	Sie verbindet die beiden Dörfer auf jedem der Ufer.
A quelle distance du pont sont ces deux villages?	Hoe ver liggen de dorpen van de brug?	Wie weit sind diese Dörfer von der Brücke?
A peu près à la même, huit cents pas.	Zij zijn bijna op denzelfden afstand van de brug verwijderd, te weten acht honderd passen.	Sie liegen ungefähr in gleicher Entfernung, das heisst acht hunderd Schritt.
Les abords du pont sont-ils faciles?	Kan men gemakkelijk aan de brug gelangen?	Kann man leicht zu der Brücke gelangen?
Pas trop, à cause des moulins qui touchent au pont même.	Niet te best, uit hoofde der molens, die daar aan stooten.	Nicht sehr, wegen der Mühlen, die daran stossen.
Demande-t-il de fréquentes réparations?	Moet de brug dikwijls hersteld worden?	Erfordert die Brücke häufige Verbesserungen?
Assez, et c'est pour cette raison qu'il y a un bac qui stationne en aval.	Ja, dikwijls en uit die reden vindt men stroomafwaarts een veer.	Ziemlich, und deswegen findet man auch eine Fähre stromab.
Combien d'hommes, de chevaux ou de voitures, ce bac peut-il passer?	Hoeveel personen, paarden of voertuigen kunnen op dit veer overgevoerd worden?	Wie viel Leute, Pferde oder Fuhrwerke können auf dieser Fähre übersetzen?
Quinze hommes ou six chevaux avec leurs cavaliers, et une seule voiture.	Vijftien man of zes paarden met hunne ruiters, en maar een wagen.	Fünfzehn Mann oder sechs Pferde mit ihren Reitern, und nur ein Wagen.
Comment est construit le troisième pont?	Hoe is de derde brug gebouwd?	Wie ist die dritte Brücke gebaut?
Il est en bois, avec deux palées, les culées en maçonnerie.	Zij is van hout met twee paalwerken, de hoekmuren zijn van metselwerk.	Sie ist aus Holz mit zwei Pfahlwerken, die Widerlager sind aus Mauerwerk.

Pont suspendu.	Hangende brug.	Hänge Brücke.
Le tablier est-il bien solide ?	Is de schoot niet zeer hecht ?	Ist die Decke nicht dauerhaft ?
Assez pour nos voitures, dont la charge n'excède pas ..., mais je doute qu'il résiste longtemps à un poids plus considérable.	Voor onze voertuigen is zij sterk genoeg, omdat hunne ladingen niet zwaarder zijn dan ..., maar ik weet niet of zij langen tijd aan eenen grooteren last zouden kunnen weêrstand bieden.	Für unsere Fuhrwerke ist sie stark genug, weil ihre Ladung nicht ... überschreitet, aber ich weiss nicht, ob sie einem grösern Gewichte lange Zeit widerstehen würde.
Quels travaux faudrait-il faire pour le renforcer ?	Welke werken zouden noodig zijn, om die brug te versterken ?	Welche Arbeiten wären nöhtig, um sie zu verstärken ?
Il faudrait augmenter le nombre des arcs-boutants.	Men zoude het getal der schraagpilaren moeten vermeederen.	Man müste die Zahl der Strebepfeiler vermehren.
Trouverait-on sur les lieux les matériaux et les ouvriers nécessaires ?	Zoude men in de nabijheid de noodige bouwstoffen en werklieden vinden ?	Würde man an Ort und Stelle die nöthigen Materialien und Arbeiter finden ?
Oui, dans le village voisin, il y a un charpentier et deux charrons qui ont des bois d'approvisionnement.	Ja, in het naaste dorp is een timmerman en twee wagenmakers, welke het benoodigd hout in den noodigen voorraad hebben.	Ja, in dem benachbarten Dorfe ist ein Zimmerman und zwei Wagner, die Holz dazu im Vorrath haben.
Le courant en cet endroit est-il rapide ?	Is de vloed op deze plaats snel ?	Ist der Fluss an diesem Orte reissend ?
Assez.	Ja genoeg.	Ja wohl.
Croyez-vous que de lourdes embarcation spourraient enlever le pont ?	Gelooft gij dat zware vaartuigen de brug zouden kunnen wegrukken ?	Glauben Sie, das schwere Fahrzeuge die Brücke wegreissen könnten ?
Je le crois, car tout récemment un radeau mal dirigé a failli le rompre.	Ik geloof het, want onlangs heeft eene houtvlot, welke slecht bestierd werd, dezelve bijna medegesleept.	Ich glaube es, denn eine Flösse die neulich slecht geleitet war, hat sie fast mit fortgerissen.

<h2 style="text-align:center">11.</h2>

Reconnaissance d'un pont suspendu. — Verkenning eener hangende brug. — Recognoscirung einer hänge Brücke.

Quel est l'objet de ce pont suspendu ?	Waartoe dient deze hangende brug?	Wozu dient die hänge brücke ?
Il fait communiquer la ville de N... avec la grande route de ...	Zij verbindt de stad N... met den grooten weg van ...	Sie verbindet die Stadt N..., mit der Hauptstrasse von ...
Le pont a-t-il subi les épreuves voulues ?	Heeft de brug de behoorlijke proefnemingen ondergaan ?	Wurde die Brücke den erforderlichen Proben unterworfen ?

Gué.	Wadde.	Furt.
Oui, et sa solidité n'en a nullement souffert.	Ja, en hare hechtheid heeft er in t'geheel niet door geleden.	Ja, und ihre Festigkeit litt gar nicht darunter.
Combien a-t-il de piles?	Hoeveel pijlers of pilaren heeft zij?	Wie viel Pfeiler hat sie?
Il en a deux.	Zij heeft twee pijlers.	Sie hat deren zwei.
Est-il à une ou à deux voies?	Heeft zij eenen enkelen of eenen dubbelen weg?	Hat sie eine einzige oder eine doppelte Bahn?
Il n'est qu'à une seule voie.	Zij heeft maar eenen enkelen weg.	Sie hat nur eine.
Quelle est sa largeur?	Hoe breed is zij?	Wie breit ist sie?
Elle est de ..., non compris les trottoirs.	Zij is ... breed, de voetwegen er niet bij gerekend.	Sie ist ... breit, die Fussteige nicht mitgerechnet.
Quelle est la largeur des trottoirs?	Hoe breed zijn de voetwegen?	Wie breit sind die Fussteige?
Deux pieds et demi.	Zij zijn twee en een halve voet breed.	Sie sind dritthalb Fuss breit.
Les abords du pont sont-ils difficiles?	Zijn de toegangen der brug moeielijk?	Sind die Zugänge des Brücke schwierig?
Non, ils sont parfaitement libres de tout obstacle.	Neen, zij zijn volkomen vrij van hindernissen.	Nein, sie sind ganz vollkommen frei.
Dans le cas ou l'on voudrait rendre le pont impraticable pendant quelques heures, en enlevant le tablier sur une étendue suffisante, combien de temps demanderait cette opération?	Hoeveel tijd zou er noodig zijn om den overgang gedurende eenige uren door het afnemen van een toereikend gedeelte te onderbreken?	Wie viel zeit braucht man, um den Ubergang mehrere Stunden lang zu unterbrechen, indem man die Decke in einer hinreichenden Länge abtrüge?
Il faudrait au plus une demi-heure.	Ten hoogste een half uur.	Höchstens eine halbe Stunde.

12.

Reconnaissance d'un gué. — Verkenning eener wadde. —
Recognoscirung einer Furt.

Où y a-t-il un gué?	Waar treft men hier eene wadde (waadbareplaats) aan?	Wo trifft man hier eine Furt?
A un quart de lieue sur la droite.	Een kwartier van hier rechts.	Eine Viertelstunde rechts.
Comment peut-on le reconnaître?	Hoe kan men die erkennen?	Wie kann man sie erkennen?
Il est indiqué par un poteau.	Zij wordt door eenen wegwijzer aangeduid.	Sie ist durch einen Wegweiser angezeichnet.
Quelle est sa plus grande profondeur?	Welk is hare grootste diepte?	Welches ist ihre gröste Tiefe?

Gué.	Wadde.	Furt.
Trois pieds et demi.	Drie en een halve voet.	Vierthalb Fuss.
Ne varie-t-elle pas?	Veranderd zij niet?	Verändert sie sich nicht?
Il y a, en effet, variation à la suite des crues extraordinaires, ou après de grands orages.	Ja, dat gebeurt na hoog water of zware onweders.	Ja, das geschieht nach grossen Anwachsungen oder heftigen Gewittern.
Quelle hauteur atteignent alors les eaux?	Welke hoogte bereikt alsdan het water?	Welche Höhe erreicht alsdann das Wasser?
Elles montent jusqu'à cinq pieds.	Het klimt tot op vijf voet.	Es steigt bis auf fünf Fuss.
Cette hauteur se maintient-elle longtemps?	Blijft het water lang op deze hoogte?	Bleibt das Wasser lange in dieser Höhe?
C'est l'affaire de deux jours.	Omtrent twee dagen.	Ungefähr zwei Tage.
Le courant est-il rapide?	Is de loop snel?	Ist der Lauf reissend?
Assez, pour qu'on ne puisse pas passer isolément sans danger.	Hij is zoo sterk, dat men niet zonder gevaar er kan doorwaden.	Er ist so stark, das man nicht ohne Gefahr allein durchwaten kann.
Quelle est la direction exacte du gué?	Welk is de juiste richting der wadde?	Welches ist die genaue Richtung der Furt?
Il se dirige d'abord un peu à gauche, et tourne ensuite à droite jusqu'à l'autre rive.	In de beginne loopt zij een weinig links, daarna draait zij zich rechts tot aan den anderen oever.	Anfangs zieht sie sich etwas links, aber alsdann dreht sie sich rechts bis ans' andere Ufer.
Y aurait-il du danger pour les hommes à s'éloigner un peu de cette direction?	Zouden de personen, welke van deze richting iet of wat zouden afwijken, groot gevaar loopen?	Würden die Leute welche sich von dieser Richtung etwas entfernen, grosse Gefahr laufen?
Oui, surtout s'ils se jetaient trop à droite.	Ja, vooral wanneer zij te ver rechts gaan.	Ja, besonders wenn sie zu weit rechts giengen.
Quelle est à peu près sa largeur?	Welk is omtrent hare grootste breedte?	Welches ist ungefähr ihre Breite?
Elle varie de ... à ...	Zij is tusschen de ... en ... voet breed.	Sie ist zwischen ... und ... breit.
Le fond est-il de sable ou de gravier?	Is de grond zandachtig of gruisachtig?	Ist der Grund sandig oder kiesig?
Il est de gravier.	Hij is gruisachtig.	Er ist kiesig.
Ne se trouve-t-il pas au fond de grosses pierres?	Vindt men op den grond geene groote steenen?	Finden sich auf dem Grunde keine grosse Steine?
Il y en a quelques unes, mais qu'il serait facile de retirer.	Er zijn er eenige, maar men kan die gemakkelijk wegschaffen.	Es sind einige da, aber es wäre leicht, sie wegzuschaffen.
Une colonne de cavalerie pourrait-elle passer?	Zoude eene kolom paardenvolk er door kunnen rijden?	Könnte eine Cavallerie Colonne hinüberreiten?
Il ne pourrait y passer qu'une centaine de chevaux, parce qu'un plus grand nombre délaierait le sable et creuserait le gué.	Er zouden ten hoogste honderd paarden kunnen overrijden, omdat door een grooter getal de zand zoude weggespoeld en de wadde uitgehaald worden.	Es würden höchstens hundert Pferde hinüber können, weil durch eine grössere Anzahl der Sand weggespült und die Furt ausgehöhlt werden würde.

Bac.	Veer.	Fähre.
Les abords sont-ils faciles ?	Zijn de toegangen tot de wadde gemakkelijk ?	Sind die Zugänge leicht ?
Non, la rive en deça est un peu escarpée, et il faudrait de toute nécessité y pratiquer une rampe.	Neen, die aan dezen oever is een weinig steil en men zoude genoodzaakt zijn eene afvaart te maken.	Nein, das diesseitige Ufer ist etwas steil, und man müste nothwendiger Weise eine Abfahrt machen.
Le débouché ne présente-t-il aucun obstacle ?	Biedt de uitgang geen hindernis aan ?	Bietet der Ausgang kein Hinderniss dar ?
Aucun, la rive opposée est en pente douce.	Neen, omdat de andere oever zacht afhelt.	Nein, weil das jenseitige Ufer sich allmählig abdacht.
Y a-t-il d'autres endroits guéables ?	Bestaan er nog andere waadbare plaatsen ?	Sind noch andere furtbare Stellen vorhanden ?
Il y en a, mais beaucoup plus loin.	Ja, maar zij liggen veel verder.	Es gibt deren wohl, aber sie sind viel weiter entfernt.
Présentent-ils les mêmes avantages que celui-ci ?	Bieden zij dezelfde voordeelen aan, als deze hier ?	Bieten sie die nämlichen Vortheile dar, wie diese hier ?
Il s'en faut de beaucoup, car leur fond étant de sable mouvant, les chevaux l'auraient bientôt creusé sous leurs pieds.	Op verre na niet, want haar grond bestaat uit drijfzand, en zoude derhalve door de treden der paarden welhaast uitgehoold worden.	Bei weitem nicht, denn ihr Grund besteht aus Triebsand, und er würde daher durch die Tritte der Pferde bald ausgehöhlt werden.
Ces gués sont-ils bien connus dans le pays ?	Zijn deze wadden in de geheele omstreken bekend ?	Sind diese Furten in der ganzen Umgegend bekannt?
Il n'y a que celui-ci.	Neen, alleen deze hier.	Nur diese hier.

<h2 style="text-align:center">13.</h2>

Reconnaissance d'un bac (barque de passage). — Verkenning van een veer. — Recognoscirung einer Fähre.

N'y a-t-il pas un bac dans les environs ?	Is er geen veer in deze omstreken ?	Ist keine Fähre in der Umgegend ?
Il y en a un qui stationne près du gué.	Ja er bestaat een in de nabijheid van de wadde.	Ja, er ist eine da die nahe an der Furt hält.
Combien d'hommes, de chevaux ou de voitures peut-il passer à la fois ?	Hoeveel man of paarden of voertuigen kunnen ten zelfden tijde overvaren?	Wie viel Mann, oder Pferde, oder Fuhrwerke können zu gleicher zeit überfahren ?
Il peut contenir quarante hommes, douze chevaux avec leurs cavaliers ou deux attelages.	Er kunnen op de pont veertig man, twaalf paarden met hunne ruiters of twee voertuigen overgezet worden.	Es können auf ihr vierzig mann, zwölf Pferde mit ihren Reitern, oder zwei Fuhrwagen übergesetzt werden.
Comment manœuvre-t-il ?	Op welke wijze wordt de pont bestierd?	Auf welche Art wird die Fähre geleitet ?

Au moyen d'un cordage tendu en travers de la rivière.	Bij middel van een touw, dat dwars over de rivier gespannen is.	An einem Stricke, der quer über den Fluss gespannt ist.
Combien de temps met-il pour l'aller, et combien pour le retour?	Hoeveel tijd is er noodig om heên en weêr te varen?	Wie viel Zeit braucht man zum hin und herüberfahren?
Huit minutes pour aller, et cinq pour revenir à vide.	Acht minuten om heên en vijf minuten om leeg weêr te varen.	Acht minuten zum Hinüberfahren, und fünf, wenn man leer Zurückfährt.
Les hommes et les chevaux peuvent-ils être embarqués facilement?	Kunnen mannen en paarden op eene gemakkelijke wijze ingeschept worden?	Können die Leute und Pferde auf eine leichte Art eingeschifft werden?
Oui, il y a un plancher mobile qui facilite l'embarquement.	Ja, want er is een beweegbare bodem aangevoegd, die het inschepen gemakkelijk maakt.	Ja, denn es ist ein beweglicher Fussboden angebracht, der die Einschiffung erleichtert.
Où est le lieu d'embarquement et celui de débarquement?	Waar zijn de plaatsen van in- en ontschepping?	Wo sind die Einschiffungs und Ausschiffungs Punkte?
Tout près d'ici.	Hier heel nabij.	Ganz nahe von hier. (Hier nahe bei).

14.

Reconnaissance d'une montagne. — Verkenning van eenen berg. — Recognoscirung eines Berges.

Comment s'appelle cette montagne?	Hoe noemt men dezen berg?	Wie heist dieser Berg?
C'est le ...	Dat is de ...	Es ist der ...
Est-ce une des plus élevées de la contrée?	Is het een der hoogsten in deze streek?	Ist es einer von den höchsten in den Gegend?
C'est la plus haute.	Hij is de hoogste.	Er ist der höchste.
De quelle chaîne fait-elle partie?	Tot welke bergketen behoort hij?	Zu welcher Gebirgskette gehört er?
Quels sont les principaux accidents de terrain qu'elle présente?	Welk zijn de voornaamste ongelijkheden, welke deze berg aanbiedt?	Welches sind die vorzüglichsten Unebenheiten, die der Berg darbietet?
La pente qui mène à la montagne en suivant cette direction n'offre aucun obstacle elle est d'ailleurs peu boisée; mais les flancs le sont beaucoup, et sont en outre sillonnés de profonds ravins.	De afhang, op welken men van deze zijde den berg bereikt, biedt geen hindernis aan; hij is zeer min met hout bewassen; maar de zijden des bergs zijn zeer houtrijk, en buitendien worden zij van diepe watergroeven of holle wegen doorsneden.	Der Abhang, auf welchem man auf dieser Seite den Berg erreicht, bietet kein Hinderniss dar; er ist sehr wenig mit Holz bewachsen, aber die Seiten des Berges sind sehr waldig und ausserdem sind sie von tiefen Regenbächen durchschnitten.

Le plateau est-il également boisé ?	Is het bovenste gedeelte van den berg insgelijks houtrijk ?	Ist der obere Theil ebenfalls holzreich ?
Non, il est à peu près découvert.	Neen, het is bijna geheel kaal.	Nein, er ist fast kahl.
Quelle sont les routes qui rayonnent sur la montagne ?	Welk zijn de wegen, die den berg doorkruissen ?	Welches sind die Strassen, die sich auf dem Berge durchkreuzen ?
Il n'y a que celle de ...	Alleenlijk de groote weg van ...	Nur die Strasse von ...
Outre cette route, n'y a-t-il pas d'autres communications ?	Zijn er behalve dezen grooten weg niet nog andere verbindingen ?	Gibt es, ausser dieser Hauptstrasse nicht noch andére Verbindungen ?
Il y a en effet des chemins qui s'embranchent sur cette route pour aboutir aux lieux habités, et d'autres en grand nombre qui facilitent l'exploitation des bois.	Ja, er zijn nog andere wegen, die van deze hoofdbaan afgaan en in de bewoonde oorden leiden, en buiten dien nog vele andere wegen, welke het houtvellen bevorderen.	Es gibt allerdings Wege, die von dieser Hauptstrasse abgehen und in die bewohnten Orte führen, und ausserdem viele andere, welche den Holzschlag erleichtern.
Sont-ils tous praticables ?	Zijn zij allen bruikbaar ?	Sind sie alle gangbar ?
Oui, à l'exception néanmoins des derniers qui sont tour à tour abandonnés suivant les progrès du défrichement.	Ja, uitgenomen de laatste, welke voor en na verlaten worden, na mate de ontginning vorderingen maakt.	Ja, ausgenommen die letzteren welche nach einander verlassen werden, wenn das Abtreiben grosse Fortschritte macht.
Le chemin qui conduit au sommet est-il en bon état, et serait-il susceptible d'être défendu ?	Is de weg, welke naar den top des bergs leidt, in goeden staat, en zou het mogelijk zijn hem te verdedigen ?	Ist der weg, welcher auf den Gipfel führt, in gutem Zustande und wäre es möglich, ihn zu vertheidigen ?
Le chemin est excellent, et les rochers qui le bordent permettent de l'occuper longtemps.	De weg is zeer goed, en de rotsen, welke hem omringen kunnen gedurende langen tijd bezet gehouden worden.	Der Weg ist sehr gut, und die Felsen welche ihn umgeben können lange Zeit behauptet werden.
Y a-t-il beaucoup de villages sur les flancs de la montagne ?	Zijn er vele dorpen op de zijden des bergs?	Gibt es viele Dörfer auf den Abhängen des Berges ?
Il n'y a que des maisons forestières mais de l'autre côté, il y a un village considérable bâti au pied de la montagne.	Men vindt er maar wooningen van boschwachters, doch aan de andere zijde, aan den voet des bergs ligt een aanzienlijk dorp.	Es sind nur Forsthäuser, aber auf der andern Seite befindet sich am Fusse des Berges ein beträchtliches Dorf.
Le chemin pour y arriver, est-il facile?	Is de weg om er naar toe te gelangen goed ?	Ist der Weg, um dahin zu gelangen gut?
Pas trop, car la pente est très raide.	Niet al te goed, omdat de afhang te steil is.	Nicht sehr, weil der Abhang zu steil ist.

Peut-on tourner la montagne?	Kan men den berg omgaan?	Kann man den Berg umgehen?
Oui, il y a un chemin sur la gauche qui longe le pied des hauteurs, et qui débouche sur le revers de la montagne.	Ja, op de linker zijde bevindt zich een weg, welke langs den voet der hoogte heen gaat, en op de rugzijde van den berg uitkomt.	Ja, auf der linken Seite ist ein Weg, der sich am Fusse der Anhöhen hinzicht, und auf der Rückseite des Berges ausläuft.
Le chemin est-il praticable à l'artillerie?	Is de weg voor artillerie bruikbaar?	Ist der weg für Artillerie gangbar?
Oui, mais il faudrait le réparer.	Ja, maar hij zou vooraf moeten hersteld worden.	Ja, aber man müsste ihn ausbessern.
A-t-on vue dans le chemin du haut de la montagne?	Kan die weg van den top des bergs gezien worden?	Kann der Weg von dem Berge ausgesehen werden?
C'est impossible, parce qu'il est tracé dans une partie boisée.	Dat is onmogelijk, omdat hij door een bosch leidt.	Dies ist unmöglich weil er durch einen waldigen Theil führt.
La montagne donne-t-elle naissance à beaucoup de sources?	Zijn er vele bronnen, die op den berg haren oorsprong nemen?	Entspringen auf dem Berge viele quellen?
La partie située au midi en est sillonnée.	Ja, op de zuidzijde nemen er vele haren oorsprong.	Die mittägige Seite gibt vielen den Ursprung.

15.

Reconnaissance d'une forêt, d'un bois. — Verkenning van een woud, van een bosch. — Recognoscirung eines Waldes, eines Gehölzes.

Comment s'appelle cette forêt?	Hoe noemt men dit woud?	Wie heist dieser Wald?
C'est le ...	Men noemt het ...	Er heist ...
Est-ce une propriété particulière?	Is het een particuliere eigendom?	Ist er Privateigenthum?
Non, elle fait partie du domaine de l'État.	Neen, het behoort aan de domeinen van den staat.	Nein, er gehört zu den Staatsgütern.
Quelle est son étendu?	Hoe groot is het?	Wie gross ist er?
Elle a environ ...	Het heeft bijna ...	Er hat ungefähr ...
Dans quel état est-elle?	In welken toestand is dit woud?	In welchem Zustande ist er?
Elle est à moitié défrichée.	Het is half ontgind.	Er ist halb angebaut.
Les arbres sont-ils de futaie ou de taillis?	Zijn de boomen hoog of is het slechts kreupelhout?	Sind die Bäume hoch, oder ist es blosses Gesträuch?
Il n'y a que de la haute futaie.	Het zijn louter hoogstammige boomen.	Es sind lauter hohe Bäume.

Y a-t-il longtemps qu'on n'a fait de coupes?	Is het reeds lang geleden, dat men er hout geveld heeft?	Ist es lange, dass man Holz gehauen hat?
La dernière a eu lieu l'automne passé.	Verledene herfst heeft men het laatste maal boomen nedergeveld.	Vergangenen Herbst hat man zum letzten Male Bäume abgeschlagen.
Y a-t-il assez de futaie pour faire des fascines?	Is er klein hout genoeg om takkebossen van te maken?	Ist Gesträuch genug da, um Faschinen zu machen?
Tout a été pris pour le barrage de la rivière.	Men heeft alles afgehakt om de rivier te dijken.	Alles ist abgehauen worden, um den Fluss zu dämmen.
Où se trouvent les fourrés?	Op welke plaats is het woud het dichtst bewassen?	An welchen Orte ist der Wald am dichtesten?
Au centre de la forêt.	In het midden.	In der Mitte.
Y a-t-il des clairières?	Zijn er veel onbeplante plaatsen?	Gibt es freie Plätze darin?
Il y en a une au carrefour de la forêt.	Er bestaat eene bij den kruisweg in het woud.	Es ist einer beim Kreuzwege im Walde.
Quelle en est l'étendue?	Hoe groot is die?	Wie gross ist er?
Elle a environ ...	Zij heeft omtrent ...	Er hat ungefähr ...
Le parcours de la forêt est-il libre partout?	Bestaat er overal mogelijkheid om door te rijden?	Ist das Durchfahren überall möglich?
Non, il est obstrué en plusieurs endroits par des tranchées.	Neen, de doorgang is op verscheidene plaatsen door grachten gestremd.	Nein, er ist an mehreren Orten durch Gräben unterbrochen.
La forêt peut-elle être tournée?	Kan men het woud omgaan?	Kann man den Wald umgehen?
Oui, à six cents pas sur la droite, il y a une trouée assez large.	Ja, zes hondert passen verder rechts is eene tamelijk groote opening.	Ja, sechs hundert Schritte weiter rechts, ist eine ziemlich breite Offnung.
Peut-elle donner passage à l'infanterie?	Kan het voetvolk er door trekken?	Kann die Infanterie durch marschiren?
Difficilement, car à vingt pas de distance, elle est obstruée par de gros arbres couchés en travers.	Met veel moeite, want twintig passen ver in het woud, wordt de weg door groote boomen belemmerd, die dwars over het voetpad liggen.	Nur schwer, denn zwanzig Schritte in den Wald hinein, ist der Weg durch grosse Bäume gesperrt, die quer über dem Fussteige liegen.
N'y a-t-il pas une autre trouée?	Is er geen andere doortocht?	Gibt es keine andere Offnung?
Oui, il y en a une autre à deux cents pas plus loin, à l'embranchement d'un petit chemin à gauche.	Ja, twintig passen verder bij het begin van eenen weg, die links afloopt.	Ja, zwanzig Schritte weiter, beim Anfange eines Weges, welcher links abgeht.
Le terrain de la forêt est-il plat ou montueux?	Is het woud vlak of bergachtig?	Ist der Wald eben oder bergicht?
Il est en grande partie montueux.	Het bestaat grootendeels uit heuvels.	Er ist gröstentheils hügelicht.

La forêt est-elle coupée de chemins, de routes ou de sentiers?	Wordt het woud door verscheidene wegen, steenwegen of voetpaden doorsneden?	Ist der Wald durch mehrere Wege, Strassen oder Fussteige durchschnitten?
La route de… la traverse en ligne droite dans toute sa longueur.	De steenweg van… doorsnijdt het woud rechtlijnig in zijne geheele lengte.	Die Strasse von … durchschneidet ihn in gerader Linie in seiner ganzen Länge.
Cette route est-elle praticable à l'artillerie dans toutes les saisons?	Is die steenweg in alle jaargetijden voor artillerie gebruikbaar?	Ist diese Strasse in jeder Jahreszeit für Artillerie fahrbar?
Excepté dans les mois d'hiver.	Ja, uitgezonderd in de wintermaanden.	Ja, ausgenommen in den Wintermonaten.
A quel endroit aboutit la route?	Naar welke plaats leidt die weg?	Zu welchem Orte führt der Weg?
Au hameau de …	Naar het gehucht …	Zum Weiler …
Quelle est la direction générale des chemins qui traversent la forêt?	Welk is de algemeene richting der wegen, welke door het woud loopen?	Welches ist die allgemeine Richtung der Wege, welche den Wald durchschneiden?
Ils viennent presque tous aboutir à la route.	Zij loopen allen op den steenweg uit.	Sie stossen fast alle auf die Strasse.
En quel état sont ces chemins?	In welken toestand zijn deze wegen?	In welchem Zustande sind diese Wege?
Ils sont assez praticables.	Zij zijn allen redelijk gebruikbaar.	Sie sind ziemlich gangbar.
Y a-t-il dans la forêt des lieux habités?	Liggen er bewoonde plaatsen in het woud?	Gibt es im Wald bewohnte Orte?
Il n'y a que quelques cabanes de bûcherons, et une maison de chasse.	Er liggen maar eenige hutten van kolenbranders en eene boschwachters woning.	Es sind daselbst nur einige Köhlerhütten und ein Forsthaus.
A quelle distance de la lisière de la forêt se trouve la maison?	Hoe ver is deze woning van den zoom des wouds verwijderd?	Wie weit von dem Saume des Waldes ist das Haus entfernt?
Environ six cents pas.	Omtrent zes hondert passen.	Ungefähr sechs hundert Schritte.
Quelle est l'essence principale de la forêt?	Welk zijn de voornaamste boomsoorten van dit woud?	Welche sind die Hauptsächlisten Baumarten?
Le chêne et le bouleau dominent.	Eiken en berken vormen het grootste getal.	Eichen und Birken sind in grösseren Anzahl vorhanden.
A-t-elle de la bourdaine ou du saule?	Zijn er ook sporkenboomen en wilgen?	Gibt es auch Faulbäume oder Weiden?
Assez de saule, mais peu de bourdaine.	Redelijk veel wilgen, maar weinig sporkenboomen of pijlhout.	Ziemlich viel Weiden, aber wenig Faulbäume.
Fournit-elle des bois de construction?	Levert het bosch ook timmerhout?	Bezieht man auch aus dem Walde Bauholz?

Non, elle ne donne que du bois de chauffage.	Neen, enkel brandhout.	Nur Brennholz.
Y fait-on du charbon, du tan ou du salin ?	Worden er ook kolen, run of looisel en potasch gemaakt ?	Findet man Kohlen, Lohe oder rohe Potasche ?
On y fait beaucoup de charbon et un peu de tan.	Veel kolen, maar weinig run of looisel.	Viel Kohlen, und nur wenig Lohe.
Y a-t-il des sources dans la forêt ?	Zijn er bronnen in het woud ?	Gibt es Quellen im Walde ?
Il y en a plusieurs.	Ja, er zijn verscheidene bronnen in het woud.	Ja mehrere.
Sont-elles abondantes ?	Zijn zij aanmerkelijk ?	Sind sie bedeutend ?
Non, elles sont à sec dans la plus grande partie de l'été.	Neen, zij verdroogen gedurende het grootste gedeelte van den zomer.	Nein, sie sind den grösten Theil des Sommers vertrocknet.
Les flaques d'eau sont-elles nombreuses ?	Zijn er veel poelen of plassen ?	Sind die Pfützen zahlreich ?
Il n'y a qu'un marécage qui est entretenu par le ruisseau de la ...	Er bestaat slechts een moeras, door welke de ... vloeit.	Es ist blos ein einziger Sumpf vorhanden, durch welchen die ... fliest.
Le fossé borde-t-il la forêt dans toute sa longueur ?	Loopt de gracht langs het geheele woud af ?	Laüft der Graben am ganzen Walde hinunter ?
Non, il est interrompu en plusieurs endroits.	Neen, zij is op verscheidene plaatsen afgebroken.	Nein, er ist an mehreren Orten unterbrochen.

16.

Reconnaissance de bruyères, de haies. — Verkenning van heiden, heggen. — Recognoscirung von Heiden, Hecken (Zäunen).

Les bruyères sont-elles praticables en toute saison ?	Zijn de heiden in elk jaargetijde bruikbaar ?	Sind die Heiden in jeder Jahreszeit gangbar ?
Non, elles ne le sont que dans les trois mois d'été.	Neen, alleen gedurende de drie zomermaanden.	Nein, sie sind es nur in den dreien Sommermonaten.
Sont-elles couvertes d'herbes hautes ?	Zijn zij met hooge grassoorten bedekt ?	Sind sie mit hohen Gräsern bedecht ?
On n'y rencontre que du génet.	Neen, men vindt er enkel ginsters.	Man trifft blos Geniste an.
Quelle est la hauteur ordinaire de ces génets ?	Hoe hoog worden gewoonlijk deze ginsters ?	Wie hoch wächst die Ginster gewöhnlich ?
Quatre pieds au plus.	Ten hoogste vier voet.	Höchstens vier Fuss.
Quelle est la hauteur des haies ?	Hoe hoog zijn de heggen ?	Wie hoch sind die Hecken ?

Étang.	Vijver.	Teich.
Cela dépend : celles qui entourent les maisons ont jusqu'à quatre pieds et demi ; celles qui marquent les propriétés n'en ont guère que trois.	Dat hangt er van af : die, welke de woningen omtuinen, hebben tot vier en een halve voet, die welke de akkers van elkander scheiden, bereiken nauwelijks drie voet.	Das kommt darauf an; diejenigen welche die Häuser umgeben haben bis fünfthalb Fuss; diejenigen welche die Ländereien scheiden, sind kaum drei Fuss hoch.
Tous les champs sont-ils clôturés par des haies?	Zijn alle akkers met heggen omgeven?	Sind alle Felder mit Zäunen umgeben ?
Presque tous.	Bijna allen.	Fast alle.
Quelle hauteur ont celles qui bordent les routes ?	Hoe hoog zijn de heggen, welke langs den straatweg heen loopen?	Wie hoch sind die Zäune, welche an der Strasse hinlaufen ?
Quatre pieds.	Vier voet.	Vier Fuss.
Sont-elles bien serrées, et serait-il facile de les franchir?	Zijn zij zeer dicht, kan men gemakkelijk over die heggen klimmen?	Sind sie sehr dicht? ist es leicht sie zu übersteigen?
Il n'y a que des hommes exercés qui pourraient le faire.	Slechts geoefende mannen zijn in staat dit te doen.	Nur gewandte Männer können das thun.

<h2 style="text-align:center">17.</h2>

Reconnaissance d'un étang. — Verkenning van eenen vijver. — Recognoscirung eines Teiches.

Étang.	Vijver.	Teich.
Comment s'appelle cet étang?	Hoe noemt men dezen vijver ?	Wie heist dieser Teich ?
C'est le ...	Het is de ...	Es ist der ...
Est-il naturel ou artificiel?	Is het een natuurlijk vijver, of is hij door kunst gemaakt?	Ist er natürlich oder künstlich?
Permanent ou temporaire?	Is hij bestendig of duurt hij maar eenen tijd lang?	Beständig, oder dauert er nur eine Zeitlang ?
Il est naturel et permanent.	Hij is natuurlijk en bestendig.	Er ist natürlich und beständig.
Quelle est sa largeur et sa profondeur?	Welk is de breedte en diepte ?	Welches ist die Breite und die Tiefe ?
Sa largeur moyenne est de quatre cents cinquante ... et sa profondeur de sept ...	De gemiddelde breedte is vier honderd vijftig ... en de diepte zeven ...	Die mittlere Breite ist vier hundert fünfzig ... und die Tiefe sieben ...
Quelle est la nature de son fond ?	Waaruit bestaat de grond ?	Woraus besteht der Grund?
Il est vaseux.	Uit modder.	Aus Schlamm.
De quelle nature sont ses rives ?	Hoe zijn de oevers ?	Wie sind die Ufer beschaffen?
Elles sont fangeuses.	De oevers zijn modderachtig.	Sie sind Schlammig.

Étang.	Vijver.	Teich.
A-t-il des points guéables?	Is de vijver op eenige plaatsen waadbaar?	Ist der Teich an einigen Orten furtbar?
Non, il faut le traverser en bâteau.	Neen, men moet er overvaren.	Nein, man mus hinüberfahren.
Par quel cours d'eau est-il alimenté?	Op welke wijze ontvangt hij zijn water?	Wo durch erhält er sein Wasser?
Par des sources intérieures, car le petit ruisseau qui s'y jette ne fournit presque pas d'eau.	Door bronnen, die op den grond des vijvers opwellen; want de kleine beek, die er in loopt, heeft bijna geen water.	Durch quellen, die im Teiche sind, denn der kleine Bach, welcher sich hinein ergiest, hat fast gar kein Wasser.
Son niveau varie-t-il?	Verandert zijne watervlakte?	Verändert sich der Wasserspiegel?
Sa plus grande variation est de quatre pieds.	Hare grootste watervlakte is vier voet.	Die grösste Veränderung ist vier fuss.
A quelle époque de l'année, les eaux atteignent-elles leur maximum?	In welk jaargetijde bereikt het water zijne grootste hoogte?	In welcher Jahreszeit erreicht das Wasser seine grösste Höhe?
Au mois de mai.	In mei.	Im Mai.
Quelle est celle de la décroissance?	Op welk tijdstip valt het water?	Zu welcher Zeit fällt das Wasser?
Le mois de septembre.	In de maand september.	Im Monate September.
Peut-on le vider?	Kan men den vijver ledig maken?	Kann man ihn ablassen?
Depuis quelques années on ne l'a pas fait, aussi la bonde doit-elle être obstruée par la vase.	Sedert verscheidene jaren heeft men het niet gedaan, en de duiker moet door het slijk verstopt zijn.	Seit mehreren Jahren hat man es nicht gethan, und der Zapfen mus durch den Schlamm verstopft seyn.
Quelle est l'étendu de terrain que couvrent les eaux, lorsque l'étang est à sec, et quelle est la hauteur de l'inondation?	Hoe ver wordt het land onder water gezet, wanneer men den vijver ledig maakt, en hoe hoog staat het water?	Wie weit wird das Land überschwemmt, wenn der Teich abgelassen ist, und wie hoch steht das Wasser?
Il y avait au moins six... d'eau jusqu'à un quart de lieue de distance.	Een kwartier ver staat dan het water ten minste zes ... hoog.	Eine Viertelstunde weit steht das Wasser wenigstens sechs...hoch.
Cette inondation dure-t-elle longtemps?	Duurt deze overstrooming lang?	Dauert diese Überschwemmung lange?
Huit jours, après quoi, le terrain reste détrempé pendant le même laps de temps.	Acht dagen, waarna de aarde even zoo lang doorweekt blijft.	Acht Tage, worauf die Erde eben so lange durchnässt bleibt.
Quel est le temps nécessaire pour que l'étang se remplisse de nouveau?	Hoeveel tijd is er noodig om den vijver op nieuw aantevullen?	Wie viel zeit ist nöthig, um den Teich von neuem anzufüllen?
Environ quinze jours.	Omtrent veertien dagen.	Ungefähr vierzehn Tage.

18.

Reconnaissance de marais. — Verkenning van moerassen. — Recognoscirung von Morästen.

Quelle est l'étendue de ces marais?	Hoe groot zijn de moerassen?	Wie gross sind die Moräste?
Sont-ils formés par des cours d'eau ou par des sources?	Worden zij door vlieten of bronnen bewaterd?	Werden sie durch Gewässer oder Quellen bewässert?
Ils sont entretenus par quelques sources, mais surtout par le débordement de la rivière.	Zij worden door verscheidene bronnen, maar voornamelijk door het uittreden van de rivier bewaterd.	Sie werden durch mehrere Quellen besonders aber durch das übertreten des Flusses bewässert.
Le sol est-il, en toute saison, couvert d'eaux stagnantes ou de blancs d'eau?	Is de grond in elk jaargetijde met stilstaande wateren of poelen bedekt?	Ist der Boden in jeder Jahreszeit mit stehenden Gewässern oder Lachen bedeckt?
Seulement en hiver et au printemps, car pendant l'été, le sol n'est que vaseux.	Alleen in den winter en in het voorjaar, want in den zomer is de grond slechts modderachtig.	Nur im Winter und im Frühlinge, denn im Sommer ist der Boden nur schlammig.
Ces marais sont-ils couverts de buissons, de joncs ou d'arbustes, de plantes aquatiques, d'herbes hautes ou de mousse?	Zijn de moerassen met kreupelhout, biezen of struiken, waterplanten, hoog gras of mos bedekt?	Sind die Moräste mit Gesträuch binsen, standen oder mit Wasserflanzen, hohen Kraütern oder mit Moos bedeckt?
Il n'y croit que des joncs et quelques arbustes.	Er groeien daar slechts biezen en struiken.	Es wachsen nur Binsen und einige Stauden darauf.
Leur surface offre-t-elle quelque différence?	Biedt de oppervlakte eenig verschil aan?	Bietet die Oberfläche irgend eine Verscheidenheit dar?
Les parties fangeuses sont indiquées par une terre noiratre; le reste de la surface a toute l'apparence d'une prairie.	De modderachtige plaatsen worden door eene zwartachtige aarde aangetoond, de overige oppervlakte heeft het aanzien van een weiland.	Die Schlammigen Theile werden durch ein schwärzliches Erdreich angezeigt; die übrige Oberfläche sieht wie eine Wiese aus.
Les marais sont-ils traversés par des chemins découverts ou cachés?	Worden de moerassen van opene of verborgene wegen doorloopen?	Sind die Moräste von freien oder verborgenen Wegen durchschnitten?
Ils étaient coupés par une chaussée que son mauvais état a fait abandonner.	Er liep eertijds een groote weg door, maar die men uit hoofde van zijnen slechten staat heeft moeten verlaten.	Sie waren von einer Strasse durchschnitten, aber wegen ihres schlechten Zustandes war man gezwungen sie zu verlassen.

Marais.	Moerassen.	Morästen.
Serait-il facile de la rétablir?	Zou het gemakkelijk zijn dien weg te herstellen?	Wäre es leicht, sie wieder herzustellen?
Cela demanderait beaucoup de temps, et encore courrait-on le risque de la voir submergée à la suite d'une crue extraordinaire.	Daartoe zoude veel tijd noodig zijn, en buitendien zou men zich nog aan het gevaar blootstellen, den weg door een te groote aangroeiing der wateren overstroomd te zien.	Das würde viel Zeit erfordern, und auserdem würde man sich noch der Gefahr ansetzen, sie durch einen zu grossen Wasseranwuchs überschwemmt zu sehen.
N'y a-t-il pas un endroit favorable où l'on pourrait en établir une?	Is er geene gepaste plaats, waar men eenen weg zou kunnen aanleggen?	Gibt es nicht einen schiklichen Ort, wo man eine Strasse anlegen Könnte?
Oui, il y a une partie du marais a-peu-près déssechée, qui conviendrait à cet objet.	Ja, een gedeelte van het moeras is bijna geheel opgedroogd en zou daartoe geschikt zijn.	Ja, ein Theil des Morastes ist fast gänzlich ausgetrocknet und wäre hiezu tauglich.
Comment les habitants s'y prennent-ils pour faire ces travaux?	Hoe bewerkstelligen de inwoners deze werken?	Wie bewerkstelligen die Einwohner diese Arbeiten?
Ils font un lit de pilotis, et établissent par-dessus une chaussée en rondins.	Zij maken eene grondlaag van paalwerk en leggen daarop eenen dam van rond hout of talhout.	Sie machen ein Lager von Grundpfählen, und errichten darüber einen knüppeldamm.
Retire-t-on de la tourbe, et qu'elle en est la quantité annuelle?	Steekt men er ook turf, en welk is de jaarlijksche opbrengst ervan?	Gräbt man auch Torf, und welches ist das jährliche Ergebniss?
De quoi suffire à la consommation locale.	De opbrengst dient alleen voor de plaatselijke behoefte.	Nur was für den örtlichen Verbrauch nöthig ist.
Règne-t-il des brouillards sur la surface de ces prairies marécageuses?	Verheffen zich ook misten of nevele over de moerassige deelen?	Herrschen auch Nebel über der Oberfläche dieser morastigen Theile?
Oui, et le matin, en été, ils sont si épais, qu'on ne peut distinguer le terrain.	Ja, en in den zomer zijn zij des morgens zoo dicht, dat men niet voor zich zien kan.	Ja, und im Sommer sind sie des morgens so dick, das man nicht vor sich sehen kann.
Le voisinage de ces marais occasionne-t-il des maladies?	Veroorzaakt de nabijheid dezer moerassen soms ziekten?	Verursacht die Nachbarschaft dieser Moräst Krankheiten?
Oui, ils engendrent des fièvres périodiques.	Ja, er ontstaan daardoor periodieke koortsen.	Ja, es erzeugen sich periodische Fieber.
Ne peut-on pas soigner ces marais?	Kan men het water niet afleiden?	Kann man das Wasser nicht ableiten?
On a commencé à le faire en quelques endroits en pratiquant de petits canaux.	Op eenige plaatsen heeft men begonnen dit te doen, door het graven van kleine grachten.	An einigen Orten hat man angefangen es zu thun, indem man kleine Canäle ausgegraben hat.

Faudrait-il beaucoup de temps pour opérer le désséchement total?	Zou er veel tijd toe noodig zijn, om de volledige opdrooging te bewerkstelligen?	Würde viel Zeit nöthig seyn, um die völlige Austrocknung zu bewirken?
Celà dépend du nombre des travailleurs.	Dat hangt af van het getal der werklieden.	Das hängt von der Zahl der Arbeiter ab.
La cavalerie pourrait-elle traverser ces plaines marécageuses?	Kan de ruiterij door deze moerassige pleinen rijden?	Kann die Cavallerie durch diese sumpfigen Ebenen reiten?
Non, le terrain est trop mou.	Neen, omdat de grond te week is.	Nein, weil das Erdreich zu weich ist.
L'infanterie pourrait-elle s'y engager?	Zou het voetvolk het kunnen wagen om er over te trekken?	Könnte sich die Infanterie darein wagen?
Oui, excepté cependant dans la saison des pluies.	Ja, uitgezonderd bij regenachtig weder.	Ja, ausgenommen bei regnerischem Wetter.
Peut-on se servir du foin qu'on y récolte pour la nourriture des chevaux?	Kan men het hooi, dat hier gemaaid wordt, als voeding voor de paarden gebruiken?	Kann man das Heu, welches hier gemäht wird, als Nahrungsmittel für die Pferde gebrauchen?
Oui, mais en le mêlant avec du fourrage de meilleure qualité.	Ja, zoo men het met een beter voeder vermengt.	Ja, wenn es mit einem bessern Futter vermisch wird.
Les prairies ne formaient-elles pas autrefois des tourbières?	Waren de weilanden vroeger geene turflanden?	Haben die Wiesen nicht ehemals Torfgruben gebildet?
Oui, et il y a même des trous très-profonds qui sont cachés par les herbes, aussi n'y envoie-t-on pas les chevaux pâturer, crainte d'accident.	Ja, er bevinden zich zelfs nog zeer diepe gaten, die door het gras bedekt worden, daarom laat men ook de paarden hier niet op de weide gaan, uit vrees voor een ongeluk.	Ja, es gibt daselbst sogar sehr tiefe Gruben, die durch das gras bedekt werden, deswegen lässt man auch die Pferde, aus Furcht eines Unfalls, hier nicht weiden.

19.

Reconnaissance d'une inondation. — Verkenning van eene overstrooming. —Recognoscirung einer Uberschwemmung.

Quelle est l'étendue de l'inondation?	Hoe ver strekt zich deze overstrooming uit?	Wie weit dehnt sich die Uberschwemmung aus?
Huit cents...	Acht honderd...	Acht hundert...
Quel est le niveau des eaux?	Hoe hoog staat het water?	Wie hoch steht das Wasser?
Sept pieds.	Zeven voet.	Sieben Fuss.
Peut-on la tendre encore davantage?	Kan men ze nog verder uitstrekken?	Kann man sie noch weiter ausdehnen?

Non, elle est à son maximum lorsqu'elle a atteint sept pieds.	Neen, zij heeft hare grootste uitgestrektheid bereikt, wanneer ze zeven voet hoog staat.	Nein, sie ist auf ihre weiteste Ausdehnung gebracht, sobald sie sieben Fuss höhe erreicht hat.
Comment l'inondation est-elle entretenue ?	Waardoor wordt de overstrooming onderhouden ?	Wodurch wird die Uberschwemmung unterhalten ?
Par l'étang voisin.	Door den naburigen vijver.	Durch den benachbarten Teich.
Est-ce au moyen d'écluses ou d'un déversoir ?	Geschiedt dit bij middel eener sluis of door eenen afloop ?	Geschieht es vermittelst einer Schleuse oder eines Ablaufs ?
C'est par un batardeau.	Dat geschiedt bij middel van eenen keerdam.	Das geschieht vermittelst eines Bären.
A quoi sert l'inondation ?	Waartoe dient die overstrooming ?	Wozu dient die Uberschwemmung ?
A intercepter toute communication avec la grande route, en cas d'invasion, et à fertiliser les prairies.	Om alle verbinding met den grooten weg, in geval van eenen vijandelijken inval, af te snijden en ook om de weilanden vruchtbaar te maken.	Um alle Verbindung mit der Hauptstrasse im Falle eines Einbruches, abzuschneiden, und die Wiesen zu befruchten.
Les digues qui la contiennent, sont-elles bien solidement établies ?	Zijn de dammen, die haar tegen houden, hecht gebouwd ?	Sind die Dämme, welche sie umgeben fest gebaut ?
On les a renforcées au moyen de fascines.	Men heeft die door takkebossen versterkt.	Man hat sie durch Faschinen stärker gemacht.
N'y a-t-il pas une de ces digues qui sert de route ?	Dient niet een dezer dammen tot weg ?	Dient nicht einer von diesen Dämmen zu einer Strasse ?
Oui, c'est celle qui longe à droite l'inondation, mais on ne peut s'en servir qu'en été.	Ja, die, welke op de rechter zijde der overstrooming loopt; maar men kan hem slechts in den zomer gebruiken.	Ja, derjenige welcher sich auf der rechten Seite der Uberschwemmnng hinabzieht ; aber man kann ihn nur im Sommer dazu gebrauchen.
Est-elle praticable pour la cavalerie, et qu'elle est sa largeur ?	Kan hij voor ruiterij dienen, en hoe breed is hij ?	Ist er für Cavallerie gangbar, und wie breit ist er ?
Elle ne serait praticable que pour l'infanterie ; sa largeur est de...	Hij is maar voor voet volk gebruikbaar, en is ... breed.	Er ist nur für die Infanterie gangbar, und ist ... breit.
Peut-on saigner l'inondation ?	Kan men de overstrooming afleiden ?	Kann man die Uberschwemmung ableiten ?
Très façilement, en faisant une coupure dans le barrage qui la limite du côté de la route.	Zeer gemakkelijk, wanneer men de dijking, welke haar van den kant des grooten wegs tegen houdt, doorsteekt.	Sehr leicht, wenn man in die Dämmung, welche sie von der Seite der Strasse begränzt, einen Durchschnitt macht.

Fontaine, source.	Fontein, bron.	Brunnen, Quelle.
Comment s'y prendrait-on pour la saigner complétement ?	Hoe zoude men het moeten aanleggen om ze geheel af te tappen ?	Wie müste man es anfangen um sie völlig abzulassen ?
Il suffirait de lever les vannes du petit déversoir et celles du barrage de droite.	Het ware toereikend de sluisen van het kleine verlaat en die van de rechter dijking op te trekken.	Es wäre hinreichend, die Schleusen des kleinen Ablasses und die von der rechten Dämmung aufzuziehen.
Combien de temps demande cette opération, et peut-elle se faire sans danger ?	Hoeveel tijd is daartoe noodig, en kan men het zonder gevaar doen ?	Wie viel Zeit ist dazu nöthig und kann man es ohne Gefahr thun ?
En tout trois heures; il faut seulement avoir soin de creuser une tranchée, afin de pouvoir diriger les eaux.	Ten hoogste drie uren, maar men moet zorg dragen eene kleine gracht te maken om het water te leiden.	Im ganzen drei Stunden, aber man muss nur Sorge tragen, einen kleinen Graben zu machen, um das Wasser zu leiten.
Si l'on voulait assurer l'inondation, où et combien faudrait-il élever de digues ?	Waar en hoeveel dijken zou men moeten opwerpen om de overstrooming te verzekeren ?	Wo und wie viele Dämme müste man errichten, wenn man die Uberschwemmung sichern wollte ?
Il en faudrait deux : une en amont de la principale, et l'autre en aval.	Men zoude er twee moeten opwerpen, den eenen opwaarts van den grooten dijk, en den anderen afwaarts.	Man müste deren zwei errichten; einen aufwärts von dem Hauptdamm, den andern abwärts.
Combien de temps faut-il pour tendre l'inondation ?	Hoeveel tijd is daartoe noodig ?	Wie viel Zeit ist dazu nöthig, um die Uberschwemmung zu bewirken ?
Huit heures.	Acht uren.	Acht Stunden.

20.

Reconnaissance d'une fontaine, d'une source. — Verkenning van eene fontein, eene bron. — Recognoscirung eines Brunnens, einer Quelle.

Les fontaines tarissent-elles?	Drogen deze fonteinen op?	Trocknen die Brunnen aus ?
Quelquefois dans les fortes chaleurs.	Somtijds gedurende de groote zomer hitte.	Zuweilen während der grosen Sommerhitze.
Chaque fontaine est-elle pourvue d'un abreuvoir?	Zijn al deze fonteinen van eene drenkplaats voorzien ?	Ist jeder Brunnen mit einer Tränke versehen?
Généralement, et six chevaux peuvent boire en même temps.	In het algemeen, en zes paarden kunnen er te gelijk gedrenkt worden.	Im Allgemeinen, und sechs Pferde können zu gleicher Zeit getränkt werden.

Les eaux sont-elles potables?	Is het water drinkbaar?	Ist das Wasser drinkbar?
Oui, elles sont de bonne qualité.	Ja, het is van goede hoedanigheid.	Ja, es ist von guter Beschaffenheit.
Quelle est la quantité d'eau que les fontaines peuvent fournir?	Hoeveel water kunnen de fonteinen dagelijks opleveren?	Wie viel Wasser können die Brunnen täglich liefern?
Elles peuvent abreuver cent chevaux, et suffire encore aux besoins journaliers des habitants.	Zij zijn toereikend om honderd paarden te drenken, en daarboven noch in de dagelijksche behoefte der inwoners te voorzien.	Sie reichen hin, um ein hundert Pferde zu tränken, und was man für den täglichen Verbrauch nöthig hat.
Peut-on puiser facilement aux sources?	Kan men gemakkelijk uit de fonteinen water scheppen?	Kann man aus den Quellen leicht schöpfen?
Elles ont presque toutes un petit réservoir.	Zij hebben bijna allen eene beun of waterbak.	Sie haben fast alle einen kleinen Wasserbehälter?
Les eaux de puits sont-elles bonnes?	Is het putwater goed?	Ist das Wasser der Brunnen gut?
Non, il faudrait les clarifier, car elles sont saumâtres.	Neen, men moet het vooraf reinigen omdat het brak is.	Man müste es reinigen, weil es keinen guten Geschmack hat.
L'ennemi pourrait-il tarir les sources?	Kan de vijand de bronnen doen opdrogen?	Könnte der Feind die Quellen versiegen machen?
Il ne pourrait le faire qu'à portée de canon, parce que toutes les sources jaillissent dans le voisinage.	Hij kan dit maar bewerkstelligen in het bereik van het geschut omdat al de bronnen in de nabijheid ontspringen.	Er könnte es nur auf kanonenschusweite thun, weil alle Quellen in der Nähe entspringen.

21.

Renseignements sur les climats, saisons, maladies, etc. — Bevraging over het klimaat, de jaargetijden, ziekten, enz.— Erkundigungen über Clima, Jahreszeiten, Krankheiten, u. s. w.

Les saisons sont-elles régulières?	Zijn de jaargetijden regelmatig?	Sind die Jahreszeiten regelmässig?
Généralement non.	In 't algemeen niet.	Im allgemeinen, nicht.
Quelle est la durée de chacune d'elles?	Hoe lang duurt elk jaargetijde?	Wie lange dauert jede?
L'hiver est la plus longue; il commence ordinairement au mois de novembre et ne se termine guère qu'à la fin d'avril.	De winter duurt het langst, hij begint gewoonlijk in de maand november en eindigt op het laatste van april.	Der Winter dauert am längsten; er fängt gewöhnlich im Monate November an, und endigt gegen das Ende Aprils.

Cette saison est-elle bien rude?	Is dit jaargetijde zeer streng?	Ist diese Jahreszeit sehr rauh?
Les grands froids ne se font sentir que dans le mois de janvier.	De grootste koude heerscht slechts in de maand januari.	Die gröste kälte herrscht nur im Monate Januar.
Neige-t-il beaucoup dans cette saison?	Valt er veel sneeuw in dit jaargetijde?	Schneiet's viel in dieser Jahreszeit?
Il neige au commencement et à la fin de l'hiver; quelquefois c'est la neige qui annonce les grands froids.	In den beginne en op het einde des winters, de sneeuw kondigt soms de grootste koude aan.	Zu Anfange und am Ende des Winters; durch den Schnee wird zuweilen die gröste kälte angekündigt.
Toutes les rivières gêlent-elles assez fortement, pour qu'on puisse passer avec de l'artillerie et des équipages?	Bevriezen de rivieren zoo sterk, dat het geschut en de tros er kunnen overtrekken?	Frieren alle Flüsse fest genug zu, um mit Artillerie und Equipage darüber fahren zu können?
Presque toutes.	Bijna allen.	Fast alle.
Le printemps est-il beau?	Is de lente schoon?	Ist das Frühjahr schön?
Rarement, il est presque toujours pluvieux.	Maar zeer zelden, omdat het bijna altijd regent.	Nur selten, weil es fast immer regnet.
Les chemins sont-ils malgré cela praticables?	Zijn des niet te min de wegen gebruikbaar?	Sind die Wege dessen ungeachtet gangbar?
Assez, surtout les grandes communications.	Ja, bijzonder de voornaamste verbindingswegen.	Ja wohl, besonders die Hauptverbindungsstrassen.
Quelle est l'époque des grandes chaleurs?	Op welk tijdstip heerscht de grootste hitte?	In welcher Zeit herrscht die gröste Hitze?
C'est dans la dernière quinzaine de juillet.	In de laatste dagen van juli.	In den letzen vierzehn Tagen des Juli.
Quand la saison des pluies commence-t-elle?	Wanneer begint het regenweder?	Um welche Zeit fängt die Regenwitterung an?
A la fin de septembre.	Op het einde van september.	Zu ende des Septembers.
Exercent-elles sur la santé une influence fâcheuse?	Oefent het eenen nadeeligen invloed uit op de gezondheid?	Übt sie einen nachtheiligen Einfluss auf die Gesundheit aus?
Oui, elles donnent lieu à plusieurs maladies.	Ja, het veroorzaakt verscheidene ziekten.	Ja, sie verursacht mehrere Krankheiten.
Jusqu'à quelle époque se prolonge la saison d'automme?	Tot welk tijdstip duurt de herfst?	Bis zu welcher Zeit dauert der Herbst?
Jusqu'à la fin de novembre.	Tot einde november.	Bis zu Ende des Novembers.
Existe-t-il des maladies endémiques?	Zijn er nog andere gewestelijke ziekten?	Gibt es auch örtliche krankheiten?
Le scorbut fait des ravages dans un assez grand nombre de localités.	De scheurbuik richt aan vele oorden onheil aan.	Der Scorbut richtet an vielen Orten Verwüstungen an.

Village, etc.	Dorp, enz.	Dorfes, u. s. w.
Ne règne-t-il pas aussi des fièvres périodiques, et qu'elle est leur nature ?	Heerschen er ook periodieke koortsen, en welk is hare eigenaardigheid?	Herrschen auch periodische Fieber, und welches ist ihre Eigenthümlichkeit ?
Elles commencent aux jours caniculaires, ce sont la plupart des fièvres bilieuses.	Zij beginnen in de hondsdagen en voor het grootste gedeelte is het de galkoorts.	Sie fangen in den Hundstagen an; gröstentheils ist es das Gallenfieber.
A quoi les attribue-t-on ?	Aan welke oorzaak schrijft men dit toe?	Was für einer Ursache schreibt man es zu ?
Au voisinage des marais.	Aan de nabijheid der moerassen.	Der Nähe von Morästen.
Comment font les habitants pour s'en garantir ?	Hoe beveiligen de inwoners zich daarvoor ?	Wie schützen sich die Einwohner davor ?
Ils s'abstiennent de fruits.	Zij eten geen fruit.	Sie essen kein Obst.
Quelle est la température moyenne ?	Welk is de middelbare luchtgesteldheid ?	Welches ist die mittlere Temperatur ?
Environ huit degrés.	Omtrent acht graad.	Ungefähr acht Grad.
Pourrait-on bivouaquer longtemps, sans que la santé du soldat en souffrit ?	Kan men lang op het veld blijven legeren, zonder dat de gezondheid der soldaten daardoor zou lijden?	Könnte man lange Zeit bivaquiren, ohne das die Gesundheit der Soldaten darunter litte ?
Non car les nuits sont très froides et la terre assez humide.	Neen, want de nachten zijn zeer koud en de aarde is zeer vochtig.	Nein, denn die Nächte sind sehr kalt, und die Erde sehr feucht.
Les eaux sont-elles potables ?	Is het water drinkbaar?	Ist das Wasser trinkbar ?
Il n'y a que celles des sources qui le soient; l'eau de puits ne peut servir à la cuisson des aliments.	Alleen het bronwater, het putwater kan men niet tot koken gebruiken.	Nur das Quellenwasser; das Brunnenwasser kann man nicht zum kochen gebrauchen.

22.

Reconnaissance d'un village, d'un hameau, d'une ferme. — Verkenning van een dorp, een gehucht, eene pachthoeve. — Recognoscirung eines Dorfes, Weilers, Meierhofes.

Village, etc.	Dorp, enz.	Dorfes, u. s. w.
Comment s'appelle ce village ?	Hoe noemt men dit dorp?	Wie heist dieses Dorf ?
Combien de maisons et combien de feux contient-il ?	Hoeveel huizen, hoeveel haardsteden bevat het ?	Wie viel Häuser und wie viel Feuerstätten enthält es ?
Il contient une cinquantaine de maisons, et environ quatre-vingts feux.	Men telt er omtrent vijftig huizen en tachtig haardsteden.	Es enthält etwa funfzig Häuser und ungefähr achtzig Feuerstätten.

A-t-il une église, et où est-elle située ?	Is er eene kerk, en waar ligt zij ?	Hat es eine Kirche, und wo liegt sie ?
Il y en a une au centre du village.	Ja er is eene kerk, die midden in het dorp ligt.	Ja, eine, sie liegt mitten in dem Dorfe.
Y a-t-il une petite place devant l'église et le cimetière est-il clos de murs ?	Ligt voor de kerk niet eene kleine openeplaats, en is het kerkhof niet door eenen muur omringd ?	Ist vor der Kirche ein kleiner freier Platz, und ist der Kirchhof mit einer Mauer umgeben ?
Il y a devant l'église une petite place plantée d'arbres ; quant au cimetière, il n'est entouré que d'une haie.	Voor de kerk ligt eene kleine met boomen beplante plaats ; wat het kerkhof betreft, dat is enkel met eene heg omringd.	Vor der Kirche ist ein kleiner mit bäumen bepflanzter Platz ; was den Kirchhof betrifft, er ist nur mit Gesträuch umgeben.
Cette haie est-elle à hauteur d'homme ou seulement d'appui ?	Is die heg van manshoogte of reikt zij slechts tot aan de borst ?	Ist das Gesträuch von Mannes oder nur von Brusthöhe ?
Elle est à hauteur d'homme.	Zij is van manshoogte.	Es ist von Manneshöhe.
Y a-t-il une halle ?	Heeft het dorp een koornhuis ?	Hat das Dorf eine Kornhalle ?
Non, il n'y a qu'un hangar qui en tient lieu.	Neen het heeft slechts eene wagenschuur, die daartoe dient.	Nein, es hat nur einen Schoppen, der hiezu bestimmt ist.
Le village est-il considérable ?	Is het dorp groot ?	Ist das Dorf gross ?
Oui, à cause des dépendances de chaque maison.	Ja, uit hoofde der nevengebouwen van elk huis.	Ja, wegen der Nebengebäude jedes Hauses.
Combien d'hommes et de chevaux peut-on y loger?	Hoeveel man en hoeveel paarden kan men herbergen?	Wie viel Mann und wie viele Pferde kann man einquartiren?
Cent vingt hommes et quarante chevaux.	Honderd en twintig man en veertig paarden.	Hundert und zwanzig Mann und vierzig Pferde.
L'entrée du village est-elle large ?	Is de ingang des dorps breed ?	Ist der Eingang des Dorfes breit ?
Non, il y a un vieux bâtiment en ruines, qui la rend un peu étroite.	Neen, een oud bouwvallig gebouw maakt den ingang iets eng.	Nein, ein altes verfallenes Gebäude macht den Eingang etwas eng.
Quelle est le largeur de la rue principale ?	Hoe breed is de voornaamste straat ?	Wie breit ist die Hauptstrasse ?
Celle de la route elle-même.	Zoo breed als de groote weg.	So breit wie die Landstrasse.
Les maisons forment-elles une ligne continue, ou bien sont-elles isolées les unes des autres ?	Vormen de huizen eene onafgebroken reeks, of staan zij van elkander verwijderd ?	Bilden die Häuser eine fortlaufende Reihe, oder stehen sie von einander getrennt ?
Celles de la grande rue ne présentent qu'une seule ligne, et les autres for-	De huizen in de voornaamste straat vormen eene onafgebrokene	Die Häuser an der Hauptstrasse bilden eine einzige Linie, die andern

ment des groupes de deux ou trois habitations.	reeks, de andere echter liggen in groepen van twee of drie huizen.	aber sind nur in Gruppen von zwei oder drei Häusern.
Comment les maisons sont-elles bâties et recouvertes ?	Op welke wijze zijn de huizen gebouwd en gedekt ?	Auf welche Art sind die Häuser gebaut und gedeckt?
Elles sont en grande partie bâties en bois et couvertes de chaume.	De huizen zijn grootendeels van hout gebouwd en de daken zijn met stroo gedekt.	Die Häuser sind gröstentheils aus Holz gebaut und die Dächer bestehen aus Schindeln.
Le village est-il entouré de haies?	Is het dorp met heggen omringd ?	Ist das Dorf mit Zäunen um geben ?
Toutes les maisons avec jardins qui le bordent, sont clôturées par des échaliers et, en quelques endroits par des murs.	Alle huizen met moeshoeven of tuinen, welke het dorp omringen, zijn met dichte heggen omgeven en op eenige plaatsen met muren.	Alle Häuser mit Gärten, welche das Dorf umgeben, sind mit dichten Hecken, und an einigen Orten mit Mauern eingefast.
Se tient-il des marchés dans le village ?	Worden ook markten gehouden in het dorp?	Werden auch Märkte im Dorf gehalten?
Oui, une fois par mois.	Ja, eenmaal in de maand.	Ja, jeden Monat einmal.
Y a-t-il des fermes dans les environs?	Liggen er in de omstreken pachthoeven?	Gibt es in der Umgegend Meierhöfe?
Oui, il y en a une considérable à deux portées de fusil du village.	Ja, twee geweerschoten van hier ligt eene zeer groote pachthoeve.	Ja, zwei Flintenschüsse von dem Dorfe liegt ein sehr beträchtlicher Hof.
Est-elle entourée de murs, et toutes les dépendances se lient-elles?	Ligt die pachthoeve in muren en zijn al de nevengebouwen met elkander in verbinding?	Ist er mit Mauern umgeben und sind alle Nebengebäude mit einander verbunden?
Oui, tout est réuni au corps principal du bâtiment, et le tout est entouré d'un mur de six pieds de hauteur et dix-huit pouces d'épaisseur.	Ja, al de nevengebouwen staan met het hoofdgebouw in verbinding en het geheel is met eenen zes voet hoogen en achtien duim dikken muur omgeven.	Ja alle Nebengebäude stehen mit dem Hauptgebäude in Verbindung, und das Ganze ist mit einer sechs Fuss hohen und achtzehn Zoll dicken Mauer umgeben.
Y a-t-il des vignes dans les environs?	Zijn er in de omstreken ook wijnbergen?	Gibt es in der Gegend auch Weinberge?
Oui, elles s'étendent sur la hauteur au pied de laquelle est bâti le village.	Ja, zij breiden zich op de hoogte uit, aan welker voet het dorp ligt.	Ja, sie ziehen sich an der Anhöhe hin, an deren Fusse das Dorf gebaut ist.
Sont-elles soutenues par des échalas ?	Worden de wijngaarden door staken onderstut?	Sind die Reben durch Pfähle gestützt?
Oui, et les échalas eux-mêmes sont réunis par des traverses.	Ja, en de wijngaardstaken worden door dwarsstaken met elkander verbonden.	Ja, und die Rebpfähle selbst sind durch Querstangen mit einander verbunden.
Sont-elles entourrées de fossés ?	Zijn de wijnbergen met grachten omgeven?	Sind sie mit Gräben umgeben?
Seulement de haies.	Neen, alleen met heggen.	Nur mit Zäunen.

23.

Reconnaissance d'un château. — Verkenning van een kasteel of slot. — Recognoscirung eines Schlosses.

Comment s'appelle ce château ?	Hoe noemt men dit kasteel ?	Wie heist dieses Schloss ?
Est-il défendu par un fossé ?	Wordt het door eene gracht verdedigt ?	Wird es durch einen Graben vertheidigt ?
Il ne l'est qu'en quelques endroits ; attendu que le fossé a été comblé en grande partie.	Slechts op eenige plaatsen, omdat de gracht voor het grootste gedeelte opgevuld is.	Nur an einigen Stellen, weil der Graben göstentheils ausgefüllt worden ist.
La porte est-elle avec pont-levis ?	Is de poort van eene ophaalbrug voorzien ?	Ist das Thor mit einer Zugbrücke versehen ?
Il n'y en a plus, c'est une simple porte.	Zij heeft geene ophaalbrug, het is slechts eene gewone poort.	Es hat keine Zugbrücke, sondern es ist nur ein einfaches Thor.
De quel bois est-elle faite ?	Van welk hout is zij gemaakt ?	Aus welcher Art Holz besteht es ?
Elle est en chéne.	Zij is van eikenhout.	Es besteht aus Eichenholz.
Y a-t-il une herse derrière ?	Is er eene veeldeur achter ?	Ist ein Fallgatter dahinter ?
Non.	Neen.	Nein.
Quelle est l'épaisseur de la muraille d'enceinte ?	Hoe dik is die ringmuur ?	Wie dick ist die Einschliessungsmauer ?
Environ...	Omtrent...	Ungefähr...
Sa hauteur ?	Hoe hoog is hij ?	Wie hoch ist sie ?
Quinze...	Vijftien...	Fünfzehn...
Est-elle en briques, en pierres de taille, ou simplement en moellons ?	Bestaat hij uit baksteenen, arduinsteenen of bloksteenen ?	Besteht, sie aus Backsteinen, aus gehauenen Steinen oder aus Brucksteinen ?
Elle est construite en briques.	Hij is van baksteenen gemetseld.	Sie besteht aus Backsteinen.
La tour est-elle bâtie solidement ?	Is de toren sterk gebouwd ?	Ist der Thurn fest gebaut ?
Non, elle est lézardée en plusieurs endroits.	Neen, hij is op verscheidene plaatsen geborsten.	Nein, er hat an mehreren Stellen Ritze.
Trouve-t-on de l'eau dans le château ?	Is er water in het kasteel ?	Findet man Wasser in dem Schlosse ?
Oui, il y a une citerne.	Ja, er bevindt zich een regenbak.	Ja, es ist eine Cidterne darin.
Quelle est sa contenance ?	Hoeveel kan die regenbak inhouden ?	Wie viel kann sie halten ?
Environ trois cents pieds cubes.	Bijna drie honderd kubiek voet.	Ungefähr drei hundert Cubikfuss.

Château.	Kasteel of slot.	Schloss.
Y a-t-il dans le château de grandes dépendances?	Heeft het kasteel veel aanhangende gebouwen?	Hat das Schloss viele nebengebäude?
Oui, il y a des bâtiments considérables, mais qui ont été abandonnés depuis longtemps.	Ja, er zijn aanmerkelijke gebouwen voorhanden, die echter sedert langen tijd niet meer gebruikt worden.	Ja, es sind beträchtliche Gebäude vorhanden, die aber seit lange nicht mehr gebraucht werden.
Combien d'hommes pourrait-on y loger?	Hoeveel man kan men er in kwartier leggen?	Wie viel Mann kann man darin einquartiren?
Au moins cent cinquante.	Ten minste honderd en vijftig.	Wenigstens hundert und fünfzig.
Y a-t-il aussi des écuries, et pour combien de chevaux?	Zijn er ook paardenstallen voorhanden, en voor hoeveel paarden?	Sind auch Pferdeställe vorhanden und für wie viele Pferde?
Pour soixante.	Voor zestig.	Für sechzig.
Savez-vous si le château contient des approvisionnements?	Weet gij of er voorraad op het kasteel is?	Wissen Sie ob vorräthe in dem Schlosse sind?
Il doit y en avoir, car les habitants des environs y ont déposé leurs récoltes.	Er moet zich eene zekere hoeveelheid daar bevinden, want de bewoners der omstreken bergen daar hunne granen.	Es müssen welche da seyn, denn die Einwohner der Umgegend haben daselbst ihre Getreideniederlagen.
Quelle est la nature de ces approvisionnements?	Waaruit bestaat die voorraad?	Worin bestehen diese Vorräthe?
Il y a du blé, de l'avoine, de la paille et du vin.	Uit koren, haver, stroo en wijn.	In Korn, Hafer, Stroh und Wein.
Y a-t-il des souterrains dans le château?	Zijn er ook onderaardsche gewelven op het kasteel?	Sind auch unterirdische Gänge im Schlosse?
Il y en a beaucoup qui servent de caves.	Ja, er zijn verscheidene die als kelders gebruikt worden.	Ja, es sind deren viele, die man als Keller gebraucht.
Sont-ils humides?	Zijn zij vochtig?	Sind sie feucht?
Non, ils sont parfaitement secs.	Neen, zij zijn geheel droog.	Nein, sie sind ganz trocken.
N'y en a-t-il pas qui communiquent avec la campagne?	Bestaan er geene gewelven die tot op het land leiden?	Sind keine vorhanden, welche in das Land führen?
Oui, il y en a un qui débouche à un quart de lieue de distance.	Ja, er bestaat een, waarvan de uitgang een kwartier uurs van het kasteel uitkomt.	Ja, es ist einer da, dessen Ausgang eine Viertelstunde vom Schlosse ist.
La sortie est-elle bien apparente, et la connaît-on généralement dans le pays?	Is die uitgang gemakkelijk te ontdekken, en is hij in al de omliggende plaatsen bekend?	Is der Ausgang leicht zu entdecken, und ist er in der ganzen Umgegend bekannt?
Elle est peu connue, et d'ailleurs elle est cachée par d'épaisses broussailles.	Hij is zeer min bekend en voor het overige is hij ook door eenen dichten houtwas verborgen.	Er ist sehr wenig bekannt, und übrigens ist er auch durch dickes Gebüsch verborgen.

N'y a-t-il pas un sentier qui conduit à la porte de secours ?	Bestaat er geen voetpad, dat naar de hulppoort leidt ?	Ist nicht ein Fussteig da, welcher nach dem Hülfsthore führt ?
Oui, mais les traces en sont perdues.	Ja, maar het spoor er van is verloren geraakt.	Ja, aber die Spur davon ist verloren gegangen.
Est-il taillé dans le roc ?	Is het in de rots uitgehouwen ?	Ist er in Felsen gehauen ?
Oui, et avec un peu de travail, on pourrait le rétablir.	Ja, en met een weinig moeite zou men het wêer kunnen herstellen.	Ja, und mit ein wenig Mühe könnte man ihn wieder herstellen.
Combien d'hommes de front pourraient le gravir ?	Hoeveel mannen kunnen nevens elkander in denzelfden tijd opklimmen.	Wie viel Mann hoch können nen zu gleicher Zeit hinaufklimmen ?
Pas plus de deux.	Niet meer dan twee.	Nicht mehr als zwei.
Ne pourrait-on pas attaquer le château d'un autre côté ?	Kan men het kasteel van eenen anderen kant aanranden ?	Könnte man das Schlosse von einer andern Seite angreifen ?
Oui, dans la direction du nord, il existe un massif en maçonnerie, à l'abri duquel on pourrait arriver jusqu'à la porte d'entrée.	Ja, op de noorderzijde is een zwaar muurwerk, onder welks bescherming men tot de ingangspoort kan gelangen.	Ja, auf der nord Seite ist ein Mauerwerk, unter dessen Schutze man bis zum Eingangsthore gelangen kann.

24.

Reconnaissance d'une ville ouverte. — Verkenning eener opene stad. — Recognoscirung einer offenen Stadt.

Combien y a-t-il d'ici à...?	Hoe ver is het van hier naar ... ?	Wie weit ist es von hier nach ... ?
Encore trois lieues.	Nog drie uren.	Noch drei Stunden.
Sont-ce trois lieues du pays, ou trois heures de marche ?	Zijn het uren van dit land of uren gaans ?	Sind es drei Landstunden oder Marschstunden ?
Ce sont trois lieues du pays, qui demandent chacune cinq quarts d'heure de marche.	Het zijn drie uren van dit land, waarvan elke vijf kwartieren telt.	Es sind drei Landstunden, wovon jede fünf Viertelstunden ausmacht.
Quel est le nombre de maisons et de feux qui dépendent de la ville ?	Hoeveel huizen en hoeveel haardsteden telt men in deze stad ?	Wie viel Häuser und wie viel Feuerstellen zählt man in der Stadt ?
Elle contient de quatre cent cinquante à cinq cents maisons, et environ quatorze cents feux.	Zij bevat vier honderd vijftig tot vijf honderd huizen en omtrent duizend en vier honderd haardsteden.	Sie enthält vier hundert fünfzig bis fünfhundert Häuser und ungefähr tausend vierhundert Feuerstellen.

A-t-elle des couvents, des églises ou d'autres édifices publics, susceptibles d'être employés au logement de l'infanterie et de la cavalerie?	Bezit zij kloosters, kerken of andere openbare gebouwen, welke tot beherberging van voetvolk of ruiterij kunnen dienen?	Hat sie Klöster, Kirchen oder andere öffentliche Gebäude, welche zum Einquartiren der Infanterie oder Cavallerie dienen können.
Elle possède trois églises et deux anciens couvents, qui pourraient contenir de sept à huit cents hommes.	Zij heeft drie kerken en twee oude kloosters, die zeven tot acht honderd man kunnen bevatten.	Sie hat drei Kirchen und zwei alte Klöster die sieben bis acht hundert mann aufnehmen können.
Possède-t-elle également des bâtiments assez considérables, pour y établir des magasins et une manutention?	Heeft zij ook aanzienlijke gebouwen om daarin bergplaatsen en eene bakkerij opterichten?	Hat sie auch bedeutende Gebäude, um in denselben Magazine und eine Bäckerei zu errichten?
Il y en a un qui pourrait servir de magasin.	Er is een gebouw, dat tot magazijn of bergplaats kan dienen.	Es gibt eines, dass als Magazin dienen kann.
La ville a-t-elle un hospice?	Is er een ziekenhuis in de stad?	Hat die Stadt ein Spital?
Oui, il est même assez important pour la localité.	Ja, en het is zelfs redelijk van belang voor de plaats.	Ja, es ist sogar ziemlich bedeutend für den Ort.
Combien pourrait-il admettre de malades?	Hoeveel zieken kunnen er in opgenomen worden?	Wie viel Kranke kann es aufnehmen?
Il peut en temps ordinaire disposer de quatre vingts lits, mais les salles peuvent contenir jusqu'à deux cents malades.	In gewone tijden kunnen over tachtig bedden beschikt worden, de zalen zelve kunnen tot twee honderd zieken bevatten.	In gewöhnlichen Zeiten kann es über achtzig Betten verfügen, aber die Sale selbst können bis zwei hundert Kranke enthalten.
La ville est-elle ouverte?	Is het eene opene stad?	Ist die Stadt offen?
Elle n'est entourée que d'une chemise en maçonnerie qui tombe maintenant en ruines.	Zij is slechts met eenen steenen ringmuur omgeven, welke echter op het punt is in duigen te vallen.	Sie ist nur mit einer steinernen Ringmauer umgeben, welche aber in Verfall ist.
Est-elle entourée d'un fossé?	Wordt zij door eene gracht omringd?	Ist sie mit einem graben umgeben?
Il a été comblé en partie, et sert maintenant de promenade.	Ja, maar die is gedeeltelijk gevuld geworden, en dient tegenwoordig wandelplaats.	Ja, aber er ist theilweise ausgefüllt worden, und dient jetzt zu einem Spaziergange.
Y a-t-il des maisons qui soient encore adossées à la partie du fossé qui reste?	Staan er huizen aan het overgeblevene gedeelte der gracht?	Sind Häuser an den Theil des zurückgebliebenen Grabens angebaut?
Oui, elles ont été conservées et ont vue sur la campagne.	Ja, zij zijn staan gebleven en hebben het uitzicht op het veld.	Ja, men hat sie stehen gelassen, und sie haben die Aussicht auf das Feld.

Les portes de la ville existent-elles encore ?	Bestaan er nog poorten ?	Bestehen die Thore noch ?
Il n'y en a plus qu'une ; sur l'emplacement de l'autre on a élevé une barrière.	Slechts eene, op de plaats der andere heeft men eene barreel geplaatst.	Nur eins ; auf der Stelle des andern hat man eine Barriere angebracht.
La porte qui reste est-elle encore solide ?	Is de poort, welke thans nog bestaat, zeer hecht?	Ist das bestehende Thor noch dauerhaft?
Pas assez pour résister à trois ou quatre coups de canon.	Zij is niet sterk genoeg om drie of vier kanonschoten tegenstand te bieden.	Es ist nicht fest genug, um drei oder vier Kanonenschüsse auszuhalten.
Quelle est la direction des rues principales ?	In welke richting loopen de voornaamste straten?	Welche Richtung haben die Hauptstrasse?
Elles convergent toutes sur la grande place, au centre de la ville.	Zij loopen allen op de groote plaats in het midden der stad uit.	Sie vereinigen sich alle auf dem grossen Platze in der Mitte der Stadt.
De cette place peut-on battre les deux portes ?	Kan men van die plaats de beide poorten beschieten ?	Kann man von diesem Platze aus die beiden Thore beschiessen ?
Rien ne s'y oppose, car les rues qui y conduisent sont en ligne droite.	Zeer gemakkelijk, want de straten die er op uitloopen zijn heel recht.	Sehr gut, denn die Strassen, welche dahin führen, laufen gerade.
Quels sont les chemins qui aboutissent à la ville ?	Welke straten leiden door de stad ?	Welche Strassen führen durch die Stadt?
Les principaux sont ceux de ... et de ...	De voornaamste zijn die van ..., en ...	Die hauptsächlichsten sind die von ... und ...

25.

Reconnaissance d'une place forte. — Verkenning eener vesting. — Recognoscirung einer Festung.

Êtes-vous en état de me donner des renseignements sur la place de N...	Kunt gij mij iets over de vesting N... zeggen?	Können Sie mir etwas über die Festung N... sagen ?
Oui, car j'ai longtemps habité cette ville, et je suis familiarisé avec le nom des ouvrages de fortification.	Ja, ik heb langen tijd in die stad gewoond, en ik ken de namen van alle vestingswerken zeer wel.	Ja, ich habe diese Stadt lange Zeit bewohnt, und ich kenne den Namen aller Befestigungswerke vollkommen wohl.
Pourriez-vous encore y rentrer, accompagné d'un homme dévoué?	Zoudt gij wel met eenen man van goeden wil weder in de vesting kunnen binnenkomen?	Könnten Sie wohl mit einer ergebenen Person wieder hineingehen?
Cela serait difficile, car la surveillance est très active.	Dat zou zeer moeielijk zijn, want het opzicht is er zeer streng.	Das wäre schwer, denn die Aufsicht ist sehr streng.

Place fort.	Vesting.	Festung.
N'y a-t-il pas quelque endroit qui pourrait favoriser l'approche de la place ?	Is er geene plaats voorhanden, die de aannadering tot de plaats zou kunnen bevorderen ?	Ist kein Ort vorhanden, welcher die Annäherung zu der Festung begünstigen könnte ?
Il y a en effet un petit bouquet de bois, mais qui probablement est surveillé de très près.	Er is inderdaad een klein bosch, maar dat zal waarschijnlijk zeer streng bewaakt worden.	Es gibt wirklich ein kleines Gehölz welches aber wahrscheinlich sehr genau bewacht wird.
Pourriez-vous me faire connaitre cet endroit en temps opportun ?	Zoudt gij mij die plaats bij eene gunstige gelegenheid kunnen aantonen ?	Könnten Sie nur diesen Ort bei günstiger Gelegenheit zeigen ?
Au coucher du soleil, je vous y conduirai.	Bij zonsondergang zal ik er u heên leiden.	Bei Sonnenuntergang will ich Sie dahin führen.
Dans la dernière guerre, n'avait-on pas essayé de bombarder la place ?	Heeft men gedurende den laatsten oorlog niet gepoogd om de vesting met bommen te beschieten ?	Versuchte man nicht während des letzten krieges, die Festung mit Bomben zu beschiessen.
C'est vrai.	Ja.	Ja.
Quelle position avait alors pris l'ennemi ?	Welke stelling had toenmaals de vijand ingenomen ?	Welche Stellung hatte alsdann der Feind inne ?
Il s'était établi sur la hauteur que vous voyez d'ici sur votre droite.	Hij had de hoogte bezet, welke gij rechts van hier ziet.	Er hatte die Höhe besetzt, welche Sie von hier zur rechten hand sehen.
Les bombes portaient-elles dans l'intérieur de la place ?	Bereikten de bommen het binnenste der vesting ?	Bestrichen die Bomben das innere der Festung ?
Elles portaient si bien, que l'une d'elles fit sauter le magasin à poudre situé au-delà de cette tour.	Ja, zij bereikten het zoo wel, dat een kruidtoren, die achter gindschen toren ligt in de lucht gesprongen is.	Sie bestrichen dieselbe so wirksam. das ein Pulver Magazin, welches jenseits dieses Thurmes gelegen ist, dadurch in die Luft gesprengt wurde.
L'investissement était-il au complet ?	Was de insluiting der vesting volledig ?	War die Einschliessung vollständig ?
Il s'en fallait de beaucoup, à cause de la faiblesse du corps d'investissement.	Op verre na niet, omdat het belegeringskorps niet talrijk genoeg was.	Bei weitem nicht, weil das Einschliessungscorps nicht stark genug war.
Quelle devrait donc être la force de ce corps ?	Hoe sterk moet zulk een korps zijn ?	Wie stark mus ein solches Corps seyn ?
D'après le développement de la place, il faudrait qu'il fût de dix mille hommes au moins.	In verhouding tot de grootte der vesting moet het korps uit tien duizend man bestaan.	Nach der grösse der Festung, mus dieses Corps wenigstens aus zehn tausend Mann bestehen.
La place a-t-elle été déclarée en état de siége ?	Is de vesting reeds in staat van beleg verklaard geworden ?	Ist die Festung schon in Belagerungs zustand erklärt worden ?

Place fort.	Vesting.	Festung.
Oui, depuis le commencement des hostilités.	Ja, sedert het begin der vijandelijkheden.	Ja, seit dem Anfange der Feindseligkeiten.
Dans quelles mains passe alors l'autorité?	In welke handen is dan de hoogste macht?	In wessen Händen ist dann die höchste Gewalt?
L'autorité militaire commande seule.	De krijgsmacht alleen voert het bevel.	Die Militärgewalt befiehlt allein.
Les mesures de précaution et de surveillance n'ont-elles pas un peu indisposé les habitants?	Hebben de maatregels van voorzorg en opzicht de inwoners niet een weinig mismoedig gemaakt?	Haben die Versichte und Aufsichtsmassregeln die Einwohner nicht etwas missmuthig gemacht?
En effet, il règne parmi eux un sourd mécontentement, qui n'attend qu'une occasion pour éclater.	Ja, er heerscht onder hen eene heimelijke ontevredenheid, die slechts op eene gelegenheid wacht, om uit te barsten.	Ja, es herrscht unter ihnen eine dumpfe Unzufriedenheit, die nur eine Gelegenheit erwartet, um auszubrechen.
Pensez-vous qu'ils seraient d'humeur à essuyer un bombardement de trois à quatre jours?	Gelooft gij, dat zij eene bombardering van drie of vier dagen zouden uithouden?	Glauben Sie, das dieselben ein Bombardement von drei oder vier Tagen aushalten würden?
Ils réclameraient à grands cris la reddition de la place.	Zij zouden met luid geschreeuw de overgaaf verlangen.	Sie würden laut die Ubergabe der Festung verlangen.
Le commandant de la place passe-t-il pour avoir beaucoup d'energie?	Wordt de bevelhebber voor een kloekmoedig man gehouden?	Wird der Befehlshaber für einen entschlossenen Mann gehalten?
Peut-être se laisserait-il intimider par les clameurs des habitants.	Het geschreeuw der burgers zoude hem misschien kunnen wankelbaar maken.	Das Geschrei der Bürger könnte ihn vielleicht schwankend machen.
Quel est leur nombre relativement à la force de la garnison?	Welk is het getal der inwoners in verhouding tot de bezetting?	Welches ist die Zahl der Einwohner im Verhältniss zu der Garnison?
Il est quintuple.	Dit getal is het vijfvoudige.	Die Zahl ist fünffach.
Quelle est à-peu-près la force de la garnison, et de quoi se compose-t-elle?	Hoe sterk is de bezetting en waaruit is zij zamengesteld?	Wie stark ist die Garnison, und woraus besteht sie?
Elle se monte, tout compris à quatre mille hommes, et se compose de deux régiments d'infanterie, dont un de...; d'un régiment de cavalerie, et de quatre cents artilleurs.	Het getal beloopt, alles medegerekend, vier duizend man, zij bestaat uit twee regementen voetvolk, waaronder van een ...; een regiment ruiterij, een vier honderd artilleristen.	Sie beläuft sich, alles mit gerechnet, auf vier tausend Mann, sie besteht aus zwei Infanterie Regimentern, worunter ein von ...; einem Cavalerie Regiment und vier hundert Artilleristen.
Sont-ce toutes de bonnes troupes, et sont-elles familiarisées avec la défense des ouvrages de fortification?	Zijn het goede soldaten en kennen zij heel wel, de verdediging aller vestingswerken?	Sind es ausgesuchte Truppen, und kennen sie die Vertheidigung aller Festungswerke vollkommen wohl?

Il n'y a que le régiment de … qui y est tout-à-fait étranger.	Slechts het regiment … is daarmede geheel en al onbekend.	Nur dem … Regiment ist dies durchaus unbekannt.
Quels sont les principaux établissements militaires?	Welk zijn de voornaamste militaire gestichten?	Welches sind die Hauptsächlichsten Militär Etablissements?
Les quartiers d'infanterie et de cavalerie, l'arsenal, les magasins de vivres et de fourrages, et l'hôpital militaire.	De kazernen der infanterie en ruiterij, het tuighuis, de magazijnen van mondbehoefte en voeder en het militaire ziekenhuis.	Die Infanterie und Cavallerie Casernen, das Zeughaus, die Magazine für Lebensmittel und für Fourage, und das Militär Spital.
Où se trouvent les casernes?	Waar liggen de kazernen?	Wo liegen die Casernen?
Il n'y en a qu'une au centre de la ville, les autres sont bâties au pied des remparts; vous pouvez en voir une d'ici.	Eene slechts ligt in het midden der stad, de anderen zijn in de nabijheid der wallen gebouwd en van hier kunt gij er eene zien.	Nur eine ist in der Mitte der Stadt; die andern sind in der Nähe der Wälle erbaut, und Sie können von hieraus eine sehen.
Où est situé l'arsenal?	Waar ligt het tuighuis?	Wo liegt das Arsenal?
A-peu-près de ce côté, à droite de cet édifice.	Bijna langs dezen kant, rechts van gintsch gebouw.	Fast auf dieser Seite, rechts von jenem Gebäude.
Contient-il un matériel considérable?	Bevat het een beduidend materieel?	Enthält es beträchtliche Materialien?
Oui, surtout en bouches à feu.	Ja, bijzonderlijk grof geschut.	Ja, besonders Geschütze.
Où sont situés les magasins à poudre?	Waar liggen de kruidtorens?	Wo liegen die Pulver Magazine?
La plupart sont dans les bastions.	De meesten bevinden zich binnen de bolwerken.	Die meisten befinden sich innerhalb der Bastionen.
Les principaux établissements militaires sont-ils à l'épreuve de la bombe?	Zijn de voornaamste militaire gebouwen bomvrij.	Sind die hauptsächlichsten Militär gebäude bombenfest?
Il n'y a que les magasins à poudre qui le soient.	Alleen de kruidtorens zijn bomvrij.	Nur die Pulver-Magazine sind es.
La place est-elle bien approvisionnée?	Is de vesting genoegzaam van levensmiddelen voorzien?	Ist die Festung mit Lebensmitteln gut versehen?
On n'a pas eu le temps de faire les réserves de vivres nécessaires.	Men heeft geenen tijd gehad om eenen genoegzamen voorraad bijeen te brengen.	Man hatte keine Zeit, die nöthigen Vorrathsmittel zusammen zu bringen.
D'où la place tire-t-elle ordinairement ses approvisionnements?	Van waar trekt de vesting haren voorraad?	Woher bezieht die Festung ihren Vorrath?
De … principalement.	Hoofdzakelijk uit …	Besonders aus …
Où sont situés les moulins de la ville?	Waar zijn de molens in de stad gelegen?	Wo liegen die Stadtmühlen?

A un quart de lieue d'ici; il n'y a dans l'intérieur de la place qu'un moulin qui dépend exclusivement de la manutention.	Een kwartier uurs van hier; binnen de muren der vesting is er maar een molen, die uitsluitend aan de bakkerij toebehoord.	Eine Viertelstunde von hier; es gibt innerhalb der Festung nur eine Mühle, die ausschliesslich von der Bäkerei abhängt.
Les ressources en bestiaux sont-elles considérables?	Is de voorraad van vee beduidend?	Ist der Vorrath an Vieh bedeutend?
Dans les premiers jours, elles étaient abondantes; mais faute de fourrages, il a fallu abattre la plupart des bœufs et des vaches.	In den beginne was hij overvloedig, maar uit gebrek aan voeder werd men gedwongen de meeste ossen en koeien te slachten.	Anfangs war er reichlich, aber aus Mangel an Futter war man gezwungen die meisten Ochsen und Kühe zu schlachten.
Depuis la dernière guerre, a-t-on renforcé les parties faibles de la fortification ?	Heeft men sedert den laatsten oorlog de zwakke vestingswerken versterkt?	Hat man Seit dem letzten Kriege die schwächen Festungswerke verstärkt?
On s'est contenté de réparer à la hâte les brèches, et de palissader une partie du chemin couvert.	Men heeft enkel de bressen in der haast hersteld en den bedekten weg gedeeltelijk van paalwerk voorzien.	Man begnügte sich die Wallbrüche in der Eile auszubessern, und den gedeckten Weg theilweise mit Palisaden zu versehen.
N'y a-t-il pas plusieurs routes de l'intérieur qui aboutissent à la place ?	Bestaan er niet verscheidene wegen, welke van het binnenste des lands naar de vesting loopen?	Gibt es nicht mehrere Strassen welche vom innern des Landes nach der Festung führen?
Il y en a deux : celle de... et celle qui vient de la capitale.	Er bestaan er twee : de eene van ... en de andere van de hoofdstad.	Es gibt deren Zwei : die eine von ... und die andere von der Hauptstadt.
Peut-on venir couper ces routes en arrière, en tournant la place ?	Kan men deze wegen in den rug afsnijden, wanneer men de vesting omgaat ?	Kann mann diese Strassen im Rücken abschneiden, wenn man die Festung umgeht?
Il est probable que la vigilance de l'ennemi déjouerait ce projet; cependant il y a un couvert qui favoriserait pendant près d'une heure la marche du corps chargé de cette opération.	Het is waarschijnlijk, dat de waakzaamheid des vijands dit ontwerp zoude verijdelen ; ondertusschen vindt men eenen bedekten weg, die gedurende een uur het voorrukken van het korps zoude verzekeren, dat tot deze onderneming bestemd is.	Er ist wahrscheinlich, dass die Wachsamkeit des Feindes diesen Entwurf vernichten würde, indessen findet man einen bedeckten Weg, welcher während einer Stunde den Marsch des corps sichern würde, das zu dieser Unternehmung bestimmt ist.
Les maisons et les jardins environnants sont-ils déjà rasés?	Zijn de omliggende huizen en moeshoven reeds geslecht?	Sind die umliegendenden Häuser und Gärten schon rasirt?

On n'a abattu que les maisons qui se trouvaient dans le rayon d'investissement; faute de temps, les jardins ont été laissés intacts.	Enkel de huizen, die in de belegeringslijn liggen, zijn geslecht, maar bij gebrek aan tijd heeft men de moeshoven verschoond.	Nur die Häuser, welche inner halb der Belagerungslinie liegen, sind rasirt; aber aus Mangel an Zeit hat man die Gärten verschont.
Quelle est la hauteur de l'enceinte?	Hoe hoog is de ringmuur?	Wie hoch ist die Einschliessungsmauer?
A-peu-près trente pieds.	Omtrent dertig voet.	Ungefähr dreissig Fuss.
Est-elle revêtue?	Is zij bemanteld?	Ist sie bekleidet?
Oui, et elle a en outre des contre gardes.	Ja, zij is bemanteld en heeft buitendien drie hoekborstweringen.	Ja, und sie hat ausserdem Contregarden.
Est-elle à l'abri de l'escalade?	Is zij voor eene ladderbeklimming verzekerd?	Ist sie vor der Leiterersteigung gesichert?
Non, on pourrait tenter une surprise du côté de ...; il y a un endroit où la contre garde d'une des faces est à-peu-près ruinée, et offre par conséquent une brèche facile à franchir.	Neen, men zoude eenen overval van de zijde van ... kunnen wagen, er is daar eene plaats, waar de driehoekige borstwering eener fronte bijna in duigen ligt, en derhalve eene bres aanbiedt, die men gemakkelijk kan overschrijden.	Nein, man könnte einen Uberfall von der Seite des ... wagen; es ist eine Stelle da, wo die Contregarde einer Face beinahe in Rinnen liegt, und daher eine leicht zu überschreitende Bresche darbietet.
Quels obstacles pourraient arrêter les assaillants une fois parvenus sur le rempart?	Welke hindernissen zoude de stormenden kunnen tegenhouden, wanneer zij den wal beklommen hebben?	Was für Heindernisse könnten die Stürmenden aufhalten, wenn sie den Wall erstiegen hätten?
Il faudrait s'emparer aussitôt du cavalier.	Zij zouden zich dadelijk van de kat (schietkat) moeten meester maken.	Sie sollten sich sogleich der Katze bemächtigen.
Les fossés sont-ils secs ou pleins d'eau?	Zijn de grachten droog of met water gevuld?	Sind die Gräben trocken oder nass?
On peut les remplir et les vider à volonté.	Men kan volgens goeddunken de grachten vullen of aflaten.	Man kann sie nach Gutdünken anfüllen und ablassen.
Quelle est la largeur du fossé du corps de place?	Hoe breed is de voornaamste gracht?	Wie breit ist der Hauptgraben?
Il a bien soixante-dix pieds.	Zij is over de zeventig voet breed.	Er hat über siebzig Fuss.
Le chemin couvert est-il palissadé?	Is de bedekte weg van paalwerk voorzien?	Hat der gedeckte Weg Palisaden?
Seulement sur le front qu'on présume devoir être attaqué.	Slechts in de front wāar men den aanval verwacht.	Nur in der Fronte, auf welcher man den Angriff vermuthet.
Et quel est ce front?	En welke is die front?	Und welches ist diese Fronte?

Celui qui regarde la grande route.	Die welke naar den kant van den grooten weg gelegen is.	Die welche nach der Hauptstrasse zu liegt.
Les ouvrages avancés sont-ils bien gardés ?	Zijn de voorwerken behoorlijk bezet?	Sind die Vorwerke gut besetzt?
De jour oui ; mais la nuit, on réduit les détachements de moitié.	Ja bij dag, des nachts echter vermindert men de afzendingen tot op de helft.	Ja, des Tages, des Nachts aber verringert man die Abtheilungen um die Hälfte.
Tous les ouvrages sont-ils revêtus?	Zijn alle werken bemanteld ?	Sind alle Werke bekleidet?
Il n'y a que le corps de place qui le soit.	Neen, maar alleen de hoofdwal.	Nur der Hauptwall.
Les demi lunes sont-elles toutes avec réduit?	Zijn al de ravelijnen of voorschansen van verborgene schansjes voorzien?	Sind alle Raveline mit Reduits versehen ?
Trois seulement, la demi lune du front d'attaque a, en outre, son réduit renforcé d'un mur crénelé.	Neen, maar drie, het ravelijn der fronte van aanval heeft bovendien eenen muur van schietgaten voorzien.	Nur drei, das Ravelin der Angriffsfronte hat ausserdem ein Reduit mit Schieslöchern.
Quelle est la nature des communications de la place avec les dehors?	Van welken aard zijn de verbindingen der vesting met de buitenwerken?	Von welcher Art sind die Verbindungen der Festung mit den Aussenwerken ?
Il y a quatre portes, dont deux sont voûtées.	Er zijn vier poorten, waarvan twee gewelfd zijn.	Man hat vier Thore, wovon zwei gewölbt sind.
Les assiégés peuvent-ils inonder entièrement les abords de la place?	Kunnen de belegerden de toegangen tot de vesting geheel onder water zetten ?	Können die Zugänge der Festung gänzlich unter Wasser gesetzt werden?
Seulement devant le front d'attaque.	Alleenlijk voor de aanvals fronte.	Nur vor der Angriffsfronte.
Peut-on creuser assez profondément sans rencontrer l'eau ?	Kan men diep genoeg uitgraven zonder water te ontmoeten ?	Kann man teif genug ausgraben, ohne das wasser anzutreffen ?
Au-delà des glacis, on ne peut pas s'enfoncer de plus de quatre pieds.	Aan den anderen kant van het glacis kan men niet boven de vier voet uitgraven.	Jenseits des Glacis kann man nicht über vier Fuss ausgraben.
Savez-vous quel est le système des mines?	Kent gij het plan van de inrichting der mijnwerken?	Kennen Sie das Minen System?
Je ne le connais pas : je sais seulement que la plupart des ouvrages du front d'attaque sont minés.	Dat ken ik niet; ik weet alleenlijk, dat de meeste aanvalswerken ondermijnd zijn.	Das kenne ich nicht, ich weis nur, dass die meisten Angriffswerke mit Minen versehen sind.

La surveillance est-elle active ?	Is het opzicht zeer streng ?	Ist die Aufsicht sehr streng?
Elle s'exerce avec soin à l'extérieur comme à l'intérieur.	Het opzicht wordt met zorgvuldigheid, zoowel van binnen als van buiten, uitgeoeffend.	Sie wird mit Sorgfalt sowohl im Innern als ausserhalb ausgeübt.
Fait-on tous les jours des reconnaissances ?	Gaat men dagelijks op verkenning uit ?	Macht man tägliche Recognoscirungen ?
Oui.	Ja, dagelijks.	Ja wohl.
Jusqu'où les pousse-t-on ?	Hoe ver gaat men ?	Wie weit geht man ?
Pas à plus d'un quart de lieue de la place.	Niet verder dan een kwartier van de vesting.	Nicht weiter als eine Viertelstunde von der Festung.
A qu'elle heure se font-elles ?	Op welken tijd worden de verkenningen gedaan ?	Um welche Zeit werden sie gemacht ?
Elles partent à quatre heures et demie du matin et rentrent à sept heures.	Zij vertrekken des morgens om half vijf en keeren om zeven ure terug.	Sie gehen um halb fünf Uhr des Morgens ab, und kehren um sieben zurück.
Se composent-elles d'un nombre considérable de troupes ?	Zijn zij uit een groot getal troepen zamengesteld ?	Bestehen sie aus einer beträchtlichen Anzahl Truppen ?
Non, il n'y a guère qu'un piquet de cavalerie et deux compagnies d'in- d'infanterie.	Neen, zij bestaan ten hoogste uit een piket ruiterij en twee compagnien voetvolk.	Nein, sie bestehen höchstens aus einem Cavallerie Piquet und zwei Infanterie Compagnien.

NOTES

RELATIVES AUX RECONNAISSANCES.

Pour terminer la première partie, et afin de la rendre plus importante aux officiers, qui y trouveront des règles de conduite, pour la plupart des cas qui peuvent se rencontrer à la guerre, nous donnerons ci-dessous, le chapitre traitant des *Reconnaissances en général*. — Ces renseignements ont été puisés dans un ancien et excellent ouvrage, et dont l'auteur est un ex-général-major au service de Prusse. — (Traité sur la constitution et l'emploi des troupes légères).

DES RECONNAISSANCES EN GÉNÉRAL

(DES PARTISANS ET DE LEURS OPÉRATIONS).

On ne peut déterminer aucune opération militaire, sans avoir reconnu le terrain qui en doit être le théâtre; ce qui est difficile quand l'ennemi l'occupe. C'est pour celà qu'on envoie souvent à la guerre, des partis qui n'ont d'autre objet que de protéger ceux qui vont faire les reconnaissances. Comme il serait plus simple que les partisans pussent s'en charger, on va indiquer les moyens qu'ils suivront, tant pour la conduite de leur troupe, que pour remplir l'objet principal de leur mission. Il faut toujours s'approcher secrétement du pays qu'on doit reconnaitre, afin que l'ennemi ne puisse vous troubler. On choisit pour faire les découvertes l'heure de midi : elle est d'autant plus favorable, qu'on a le temps de voir beaucoup de pays sans être beaucoup inquiété, par les patrouilles du matin qui sont rentrées, et par celles du soir qui ne sont pas encore sorties. Si pendant les reconnaissances un partisan est découvert et poursuivi, il remettra ses observations à un autre temps, et rejoindra le détachement qu'il a dû laisser en chemin, avec d'autant plus de diligence, que n'étant pas en force, il n'a d'autre ressource que la fuite. Si le partisan ne peut achever ses observations en un jour, il se retirera de bonne heure, reviendra le lendemain, et quand il aura fini, il ira reconnaître de la même manière une autre partie du pays. Si le pays est couvert, et qu'il ne puisse tout voir de ses yeux, il enverra chercher dans les villages voisins, les paysans les plus capables de lui donner des éclaircissements, les ménera avec lui, et par force ou adresse, il tâchera de tirer d'eux les renseignements sur les distances respectives des lieux, la direction des chemins, le cours des rivières et des ruisseaux, la nature des bois, des montagnes etc.; la situation de l'ennemi, sa force, ses détachements et ses postes. Lorsqu'on questionne les habitants sur la nature ou la direction des chemins, il faut leur demander des détails sur plusieurs, afin qu'ils ne puissent soupçonner la route qu'on veut suivre. Si le partisan est forcé à la retraite, il ne relâchera ces paysans, qu'après avoir fait au moins la moitié du chemin, et observera toujours de leur donner la change, et de leur cacher ses desseins. Le succès à la guerre dépendant du choix des postes, il serait indispensable que tous les officiers, mais surtout ceux qui se destinent à la petite guerre, s'étudiassent pendant la paix à les bien juger; car on ne peut y parvenir qu'avec beaucoup de pratique secondée par la théorie, qu'il est d'autant plus difficile d'acquérir, que tous les ouvrages écrits sur cette matière sont imparfaits. Il faut dans une reconnaisance de terrain, en examiner toutes les parties dans le plus grand détail, juger à quel objet chacune d'elles peut convenir, et en saisir au premier coup-d'œil tous les avantages, dans un sens absolument militaire. Voici une méthode qu'on croit pouvo'r proposer pour former le coup-d'œil. On doit s'habituer dans les voyages, à la promenade ou à la chasse, à juger avec la plus grande précision, l'étendue d'un terrain peu considérable, et le nombre de bataillons ou d'escadrons qu'il peut contenir. On choisit ensuite pour la même objet, un local plus vaste, et sur lequel on forme des plans d'attaque et de défense. Voilà ce qu'on peut faire en tout temps. Quand les armées sont campées, on considère sur la carte : 1º le poste de l'ennemi; 2º celui qu'on occupe, s'il couvre le pays et les places qu'on a intérêt à conserver; si les ailes de l'armée sont bien appuyées et comment; si les communications générales et particulières sont bien assurées, et si elles peuvent être facilement changées et sans danger ; 3º si l'une ou l'autre armée peut se saisir d'un poste important ; 4º si l'ennemi peut entreprendre sur vous et vous sur lui ; et dans les deux cas ; le chemin qu'on a à faire, et les obstacles qu'il faut surmonter dans la marche ; 5º les lieux d'où chaque armée tire ses vivres ; si les convois sont assurés, et si on peut intercepter ceux de l'ennemi ; 6º comment il pourra rendre inutiles vos entreprises, et les moyens qui les feront réussir ; 7º quels projets offensifs l'ennemi peut former, et comment vous les ferez échouer. Après ces examens, on va sur les lieux. On parcourt d'abord tout le terrain pour en prendre une idée générale. On examine ensuite dans le plus grand détail : 1º si les appuis des ailes sont aussi avantageux qu'ils le paraissent ; 2º si les rivières ou les ruisseaux qui couvrent l'armée sont guéables ou non dans tout leur cours, et si les bords en sont escarpés ; 3º s'il y a des hauteurs qu'il convient d'occuper, pour que la position ne soit pas commandée ; 4º si le terrain est montueux ou uni, couvert ou non ; 5º s'il y a dans les environs des bois, des haies ou des buissons dont il faudrait tirer parti, ou qui pourraient vous nuire si l'ennemi s'en emparait ; 6º s'il vous importe d'occuper les villages qui sont sur le front ou sur les flancs ; les moyens de les mettre en état de défense, ou s'il vaut mieux les brûler ; 7º si les maisons, fermes, moulins, châteaux, vergers, jardins, etc., qui avoisinent l'armée peuvent servir à poster de l'infanterie, ou s'il faut les détruire ; 8º quelle est la nature du terrain en avant et en arrière de chaque partie de la position, afin de distribuer convenablement les différentes armes ; car on doit toujours les placer de manière qu'elles ne puissent devenir inutiles dans aucun cas ; 9º quels sont les emplacements qui donnent aux batteries des tirs obliques ou en écharpe ; 10º où peut-on établir les réserves, les dépôts de munitions et de blessés ? On écrit tout ce qu'on a remarqué sur une position ; on l'attaque et on la défend d'imagination. et on dresse des hypothèses sur tous les mouvements possibles des deux armées. On peut appliquer tous ces détails aux petits corps de troupes comme aux grands. Cette méthode est la meilleure pour former le coup-d'œil, qui consiste uniquement à saisir à la première vue, tous les avantages du terrain, soit pour l'attaque, soit pour la défense. Il serait à désirer qu'un partisan sût dessiner à vue, de manière à rendre avec vérité les objets et les distances. On devrait donc prescrire l'étude du dessin aux jeunes officiers qui servent dans les troupes légères ; car des cartes jointes aux observations faites sur une étendue de pays quelconque, en facilitent beaucoup l'intelligence et donnent plus de lumières. Tout chef de troupes légères pour acquérir des connaisssances étendues sur le pays, ne négligera jamais de reconnaître avec exactitude, les environs de son poste à deux ou trois lieues à la ronde. Voici un moyen d'y procéder facilement, et même de dresser des cartes nouvelles et exactes, et de connaître les fautes des anciennes. Après avoir marqué sur la carte le point où se trouve comme centre, on décrit un cercle avec une ouverture de compas de deux ou trois lieues ; ensuite on trace sur le papier, une circonférence trois ou quatre fois plus étendue que la première, mais toujours supposée de deux ou trois lieues ; son diamètre partagé servira d'échelle pour marquer avec exactitude, l'emplacement des villes, bourgs ou villages compris dans la circonférence tracée sur la carte. On envoie ensuite chercher comme on l'a dit plus haut, les principaux habitants, ou ceux qui connaissent le mieux le pays ; et d'après leur rapport, il est facile de vérifier si toutes les distances sont justes, et de les corriger ; on tire encore d'eux les éclaircissements nécessaires pour remplir le pays entre deux villages, et tracer le cours des rivières et des ruisseaux, les sinuosités des chemins, la position des montagnes, côteaux, bois, vignes, etc. Après avoir dessiné au crayon tout ce qu'on a bien compris, et noté à côté des villes, bourgs et villages, la quantité d'habitants, et de feux qu'ils contiennent, on marque les ponts et les gués des rivières. La carte se complète ainsi peu à peu, en faisant successivement la même opération pour toutes les distances comprises entre les autres villages. Quand on a confronté le terrain avec le brouillon, on le met au net. On peut au moyen d'une boussole, orienter chaque carte particulière, et par leur réunion former une carte générale plus exacte et d'un point d'échelle infiniment plus étendu, que celles qu'on trouve à acheter. On fait aussi des reconnaissances pour *régler les* marches d'une armée et jalonner les routes des différentes colonnes lorsque le pays n'est pas ouvert. Les reconnaissances portent particulièrement sur les villes fortifiées et ouvertes, citadelles, châteaux, forts, fortins, bourgs, villages, hameaux, fermes, rivières, ruisseaux, torrents, canaux, inondations, écluses, digues, ponts, gués, sources, fontaines, marais, étangs, flaques d'eau, ravins, bois, forêts, bruyères, vergers, vignes, montagnes, côteaux, routes ou chemins, sentiers et autres objets locaux. On ne doit pas négliger encore de s'instruire sur le sol en général, sur les productions et le climat du pays où on porte la guerre; mais comme l'acquisition de ces connaissances doit précéder les opérations, nous nous éloignerions de notre objet en les détaillant. Il faut donc se borner à exposer les meilleurs procédés, pour faire les reconnaissances dont on a ordinairement besoin pendant une campagne.

FIN DE LA PREMIÈRE PARTIE.

DEUXIÈME PARTIE.

DIALOGUES MILITAIRES ([1]).

PREMIER DIALOGUE.	EERSTE GESPREK.	ERSTES GESPRÄCH.
Entre un officier faisant le logement, et le bourgmestre d'un endroit.	*Tusschen eenen officier en den burgemeester eener plaats.*	*Zwischen einem Offizier und dem Bürgermeister eines Ortes.*
Je viens vous annoncer, Monsieur le bourgmestre, qu'il doit arriver aujourd'hui quatre mille hommes pour le logement desquels je suis envoyé en avant.	Mijnheer de burgemeester, ik kom u aankondigen, dat heden vier duizend man troepen in de plaats zullen aankomen, voor welke ik voorop gezonden ben de noodige beherberging te zoeken.	Herr Bürgermeister, ich komme ihnen anzukündigen, dass heute vier tausend Mann Truppen ankommen werdeu, für welche ich, die nöthige Einqartierung zu besorgen, verausgeschickt bin.
Y a-t-il aussi de la cavalerie ?	Is er ook ruiterij bij ?	Ist auch Cavallerie dabei ?
Oui, il y a mille cavaliers et deux pièces d'artillerie, en tout onze cents chevaux qu'il faut aussi loger.	Ja, er zijn duizend ruiters en twee stukken geschut er bij, in 't geheel elf hondert paarden, voor welke stalling moet worden gezocht.	Ja wohl, es sind tausend Mann Reiterei, und zwei Geschütze, und im Ganzen werden es elf hundert Pferde seyn, für welche Stallung gemacht werden muss.
Il n'y a de la place dans le bourg que pour sept cents chevaux, et il est de toute nécessité de détacher quatre cents cavaliers à...	In het dorp zelve is echter maar plaats voor zeven honderd paarden, en het zoude derhalve noodzakelijk zijn vier honderd man ruiters naar... af te zenden.	Im Orte selbst ist aber nur für sieben hundert Pferde Stallung, und es wird daher nöthig seyn, vier hundert Mann Cavallerie nach... zu detaschiren.

([1]) Ce manuel qui serait, en campagne, d'une application journalière pour les officiers de toutes armes, doit avoir encore, en temps de paix, une grande utilité : en effet, mis entre les mains des élèves de nos écoles, il les familiarisera bientôt avec les termes techniques, si essentiels à connaître ; sa forme dialoguée, la plus commode et sans contredit, la plus féconde en résultats dans l'enseignement, aurait sur leurs progrès une grande influence.
PETITGRAND, capitaine.

Premier dialogue	Eerste gesprek	Erstes Gespräch
Quelle est la distance de cet endroit?	Hoe ver is die plaats van hier?	Wie weit ist dieser Ort von hier entfernt?
Environ trois quarts de lieue.	Omtrent drie kwartiers.	Etwa drei Viertel Stunden.
Le village est-il sur la route?	Ligt zij aan den grooten weg?	Liegt er an der Strasse?
Il en est à deux portées de fusil; d'ailleurs un excellent chemin y mène.	Zij ligt omtrent twee geweerschoten van den weg, en de weg die er naar toe leidt is zeer goed.	Er liegt etwa zwei Flintenschüsse von der Strasse, und es führt ein sehr guter weg dahin.
C'est bien, mais n'est-il pas nécessaire d'y envoyer un sous-officier afin de préparer tout ce qu'il faut?	Het is wel, maar dan zal ik eenen onder-officier naar die plaats moeten afzenden om het noodige te bezorgen?	Das is gut, nun wird es aber nöthig seyn dass ich einen Unteroffizier nach dem Orte abschicke damit es das Nöthige besorge?
C'est indispensahle, mais avant d'envoyer à N... faites venir le sous-officier chez moi, afin que je lui donne des instructions pour le bourgmestre de l'endroit.	Dat zal noodzakelijk zijn, maar vooraleer gij iemand naar N... zendt, doet hem bij mij komen opdat ik hem een bericht aan den burgemeester aldaar kan medegeven.	Das wird nöthig seyn, aber bevor sie jemanden nach N... abschiken, lassen sie ihn zu mir kommen, damit ich ihm eine Anwiesung an den dortigen Schultheiss mitgeben kann.
Comme le soldat sera logé et nourri chez l'habitant, à quelles obligations l'hôte est-il tenu?	Daar de soldaten kost en inwoning bij de inwoners moeten genieten, zoo vraagt het zich welke verplichtingen diegene hebben, welke soldaten beherbergen?	Da die Leute in kost und Wohnung einquartiert werden sollen, was ist jeder quartierhaber schuldig zu geben?
L'habitant, selon nos usages, doit à chaque homme...	De inwoner is, volgens ons gebruik, verplicht aan elk man te geven...	Er ist, dem Gebrauche nach, jedem Manne... zu geben.
C'est plus que suffisant, mais où prendra-t-on le fourrage pour les chevaux?	Welnu dat is toereikend, maar waar zal men het voeder voor de paarden halen?	Nun, das ist hinreichend, aber wo wird das Futter für die Pferde herzunehmen seyn?
Il y a bien ici assez de paille et de foin, mais l'avoine manquera peut-être, attendu que le pays en produit fort peu.	Hoei en stroo is genoeg voorhanden, maar er zal waarschijnlijk gebrek zijn aan haver, omdat er in onze streken zeer weinig groeit.	Heu und Stroh ist hinreichend vorhanden, aber am Hafer wird vielleicht Mangel seyn, weil in unserer Gegend sehr wenig wächst.
N'avez-vous pas d'autres grains pour remplacer l'avoine?	Hebt gij in de plaats van haver niet eene andere graansoort?	Haben sie denn anstatt das Hafers nicht eine andere Getreide art?
Oui, il y a de l'orge en quantité suffisante.	O ja, garst is er in toereikende hoeveelheid voorhanden.	O ja, Gerste ist hinreichend vorhanden.

Premier dialogue.	Eerste gesprek.	Erstes Gespräch.
C'est bien, ainsi préparez un bon de onze cents rations de fourrage, composées chacune de trois mesures d'avoine ou d'une quantité correspondante d'orge, de cinq livres de foin, huit livres de bonne paille, et que tout soit prêt quand la troupe arrivera.	Welaan, bezorgt dan een ontvangschijn van voeder voor elf honderd paarden voor eenen dag, zoo dat op elk paard drie (maat) haver of de gelijkwaardige hoeveelheid garst, vijf pond hooi en acht pond goed stroo gerekend wordt opdat, als het korps hier aankomt, alles gereed zij.	Nun wohl, so besorgen sie eine fourrage anweisung für tausend ein hundertPferde auf einen Tag, so dass auf ein Pferd drei Metzen Hafer oder die entsprechende Mange Gerst, fünf Pfund Heu, und acht Pfund gutes Stroh gerechnet wird, damit wenn das Corps hier ankommt, alles in bereitschaft sey.
Où les quatre cents hommes détachés à N... se procureront-ils les fourrages?	En waar zullen de vier honderd man, welke naar N... afgezonden zijn hun voeder halen?	Und wo werden diese vier hundert Mann welche nach N... detaschirt sind ihre Fourrage fassen?
Je pense qu'ils pourront le prendre à N...même.	Ik geloof, dat die ook in N... het voeder kunnen vinden.	Ich glaube, das die auch in N... ihre Fourrage fassen können.
Quel est l'endroit le plus favorable pour parquer les deux pièces d'artillerie?	Waar is de meest gepaste plaats om de geschutten te plaatsen?	Wo ist der schickliste Platz, um die Geschütze aufzustellen?
Devant l'église par où vous êtes passé, là, les pièces seront isolées, très bien parquées et disposées en même temps pour le départ.	De beste plaats daarvan is voor de kerk, waar gij voorbijgekomen zijt daarstaan de geschutten vrij en kunnen goed geperkt en weggevoerd worden.	Der bequemste Ort hier ist vor der kirche, wo Sie vor bei gekommen sind, da stehen die Geschützefrei, und können gut aufgestellt und weggeführt werden.
Avez-vous aussi un endroit qui puisse servir de corps de garde et de prison?	Hebt gij ook eene plaats voor de wacht en voor het gevangenhuis?	Haben Sie auch einen Orte zur Wachtstube und zum Arrestlokale?
Oui, je vais envoyer quelqu'un avec vous, afin que vous puissiez voir les lieux.	Ja, wel, ik zal u iemand medegeven, om u de gemelde plaatsen te laten bezichtigen.	Ja wohl, ich will iemanden mit ihnen schicken, damit Sie die besagten Orte einsehen können.
Le corps de garde est près de l'église, et la prison touche à la porte.	Het wachthuis is kort bij de kerk en het gevangenhuis ligt nevens de poort.	Das Wachthaus ist nahe an der Kirche, und das Arrestlokal ist gleich neben den Thore.

DEUXIÈME DIALOGUE.
—

Sur la population, les ressources d'une commune, les réquisitions, etc.

Où est le bourgmestre du village?

Il est absent.
N'y a-t-il personne qui le remplace?
Il y a l'adjoint de la commune.
Conduisez-moi vers lui.
Je suis chargé par le général en chef de vous demander des renseignements sur la population de votre commune et sur les ressources du pays?

Je suis prêt à répondre à toutes vos questions.

Je dois avant tous, Monsieur l'adjoint, vous prévenir qu'il entre dans mes instructions de ne pas ruiner le pays par des réquisitions ou des contributions de guerre, l'intention du général en chef est de n'exiger que ce qui est strictement nécessaire pour la subsistance des hommes et des chevaux, il veut ménager autant que possible, les ressources des habitants; ainsi mettez la plus grande franchise dans les renseignements que je vais vous demander, il est d'ailleurs de votre intérêt de ne rien cacher,

TWEEDE GESPREK.
—

Over de bevolking, de hulpmiddelen eener gemeente, de leveringen, enz.

Waar is de burgemeester des dorps?

Hij is afwezig.
Wie vervangt zijne plaats?

De schepen der gemeente.

Geleid mij tot hem.
Ik heb van den opperbevelhebber den last ontvangen, om u verschillende inlichtingen te vragen aangaande de bevolking der gemeente en de hulpmiddelen des lands.

Ik ben bereid, op al uwe vragen antwoord te geven.

Heer schepen, vooral moet ik u verwittigen, dat, ten gevolge mijner ontvangene voorschriften, het land niet door leveringen of brandschattingen moet uitgeput worden; het voornemen van den opperbevelhebber is, om maar juist zooveel te vorderen, als voor zijne mannen en paarden streng noodig is, en de hulpmiddelen der inwoners zooveel als mogelijk te verschonen, derhalve bid ik u, mij alles op het nauwkeurigste te zeggen, wat ik u vragen zal, overigens zal het ten uwen

ZWEITES GESPRÄCH.
—

Über die Bevölkerung, die Hülfsquellen einer Gemeinde, die Lieferungen, u. s. w.

Wo ist der Schultheiss (Bürgermeister) des Dörfes?

Er ist abwesend.
Wer versieht seine Stelle?

Der Adjunkt der Gemeinde.

Führen Sie mich zu ihm.
Ich bin von dem Oberbefehlshaber beauftragt Sie um mehrere nachrichten zu befragen, welche die Bevölkerung der Gemeinde und die Hülfsquellen des Landes betreffen.

Ich bin bereit, auf alle ihre Fragen zu antworten.

Herr Adjunckt, vor allenn mus ich Sie benachrichtigen, dass, meinen Aufträgen zufolge, das Land nicht durch Lieferungen oder Gelderhebungen zu grunde gerichtet werden soll; die Absicht des Oberbefehlshabers ist, nur so viel zu begehren, als für seine Leute und Pferde unumgänglich nothwendig ist, und die Hülfsmittel der Einwohner, so viel wie möglich zu schonen; deswegen bitte ich Sie, mir alles auf das Genaueste zu sagen, was ich Sie fragen werde; übrigens gereicht es

Français

parceque je me verrais forcé, quoique à regret, d'employer des mesures de rigueur.

Monsieur le capitaine, je ne dois pas non plus vous laisser ignorer que le pays est déjà presque épuisé par le passage des troupes, il me sera donc probablement difficile de satisfaire à toutes vos demandes.

Quelle est la population de votre commune et le nombre de feux?

La population, d'après le dernier recensement se monte à quatorze cent cinquante habitants, et le nombre de feux est de deux cents quatre-vingt-dix.

Avez-vous des hommes de...?

Il y en a encore vingt, les autres ont été appelés dernièrement, et ont rejoint leurs dépôts respectifs.

Les hommes qui restent, sont-ils armés?

Non, les armes sont déposées au chef-lieu du canton.

Chaque chef de famille a-t-il un fusil de chasse?

Presque tous.

Il faut alors donner l'ordre de déposer ces armes chez vous.

L'ordre va être donné.

Nederlands

voordeele strekken, indien gij mij niets verheimelijkt omdat ik, ofschoon met tegenzin gedwongen zoude zijn, strenge maatregelen te nemen.

Heer hoofdman, ik moet u te kennen geven, dat het land door den doortocht der troepen reeds bijna geheel uitgeput is, en het mij moeilijk zal zijn aan uwe vraag te voldoen.

Welk is de bevolking der gemeente en hoeveel haardsteden bevat zij?

De bevolking beloopt, volgens de laatste telling, duizend vier honderd en vijftig inwoners en het getal haardsteden twee honderd en negentig.

Hebt gij mannen die tot de ... behooren?

Er zijn er nog twintig, de anderen zijn onlangs ingeroepen geworden en in de depots aangekomen.

Zijn de teruggeblevene mannen gewapend?

Neen, de wapens bevinden zich in de hoofdplaats van het arrondissement.

Heeft elke familie-vader een jachtgeweer?

Bijna allen.

Dan moet gij bevelen, dat zij in uwe woning neêrgelegd worden.

Ik zal het bevel daartoe geven.

Deutsch

ihnen zum Vortheil, wenn Sie mir nichts verhehlen, weil ich obgleich mit Widerwillen, gezwungen wäre, strenge Mittel zu gebrauchen.

Herr Hauptmann, ich mus ihnen zu wissen thun, dass das Land durch den durchmarsch der Truppen schon fast gänzlich erschöpft ist, und mir es daher schwer seyn würde, ihr Begehren zu vollzichen.

Welches ist die Bevölkerung der Gemeinde, und wie viele Feuerstellen hat sie?

Die Bevölkerung beläuft sich, nach der letzten Zählung, auf ein tausend vier hundert und fünfzig Einwohner, und die Anzahl der Feuerstellen auf zwei hundert und neunzig.

Haben Sie Einwohner, die zur ... gehören?

Es sind ihrer noch zwanzig; die andern sind vor kurtzem einberufen worden, und sie sind in ihren Depots angelangt.

Sind die gebliebenen Leute bewaffnet?

Nein, die Waffen befinden sich in dem Haupt orte des Kreises.

Hat jeder Familienvater ein jagdgewehr?

Fast alle.

Dann müssen Sie befehlen, dass sie in Ihrer Wohnung niedergelegt werden.

Ich will den Befehl dazu geben.

Comment la population se trouve-t-elle répartie?	Hoe is de bevolking verdeeld?	Wie ist die Bevölkerung eingetheilt?
La plupart des habitants sont cultivateurs ou vignerons, il y a environ soixante artisans et huit marchands.	De meeste inwoners zijn landbouwers en wijngaardeniers, men telt omtrent zestig handwerkers en acht kooplieden.	Die meisten Einwohner sind Ackerleute und Winzer, man hat ungefähr sechzig Handwerker und acht Kaufleute.
Combien d'ouvriers en fer et en bois?	Hoeveel ijzer- en hout arbeiders?	Wie viel Eisen und Holzarbeiter?
Il y a huit ouvriers en bois et neuf en fer.	Er zijn acht houtarbeiders en negen ijzerarbeiders.	Es gibt acht Holzarbeiter und neun Eisenarbeiter.
Y a-t-il des fermes dans les environs?	Zijn er pachthoeven in den omtrek?	Gibt es in der Umgegend Meierhöfe?
Il y en a deux.	Er zijn er twee.	Es gibt deren zwei.
Combien pouvez-vous loger d'hommes et de chevaux?	Hoeveel man en hoeveel paarden kunnen zij onderbrengen?	Wie viel Mann und wie viele Pferde können Sie unterbringen?
Trois cents hommes et quatre vingts chevaux.	Drie honderd man en tachtig paarden.	Drei hundert Mann und achtzig Pferde.
Vous n'avez donc pas beaucoup d'écuries?	Dus hebt gij niet veel paardenstallen?	Alzo haben sie nicht viele Pferdeställe?
Il y en a bien, mais qui ne peuvent convenir qu'aux bestiaux.	Wij hebben well stallen, maar die dienen voor het vee.	Wir haben deren wohl, aber sie dienen nur für das Vieh.
Avez-vous quelques grands bâtiments?	Hebt gij niet eenige groote gebouwen?	Haben Sie irgend einige grosse Gebäude?
Il y a une halle couverte, l'hôtel de ville, le château et un hospice.	Wij hebben eene bedekte hal, het raadhuis, het kasteel en een ziekenhuis.	Wir haben eine bedeckte Halle, das Rathaus, das Schloss und ein Spital.
Combien de voitures à deux ou à quatre roues pourriez-vous fournir?	Hoeveel karren met twee of vier raderen kunt gij leveren?	Wie viel zwei oder vierrädige karren können Sie liefern?
Dix à quatre roues, et trente à deux roues.	Tien met vier en dertig met twee raderen.	Zehn vierräderige und dreissig zweiräderige Karren.
Combien chargent-elles?	Hoeveel kunnen zij laden?	Wie schwer kann man sie beladen?
Celles à deux roues chargent de quatre à cinq cents..., celles à quatre roues de huit à neuf cents...	Die met twee raderen kunnen vier tot vijf honderd...laden en die met vier raderen, acht tot negen honderd ...	Die zweiräderigen laden vier bis fünf hundert..., die vierräderigen acht bis neun hundert...
Vous voyez que mes instructions portent que je dois d'abord faire une réquisition de douze cents rations de pain, six cents de viande, sept cents de fourrage,	Gij ziet, dat het in mijn voorschrift ligt eene requisitie te doen van twaalf honderd rantsoenen brood, zes honderd rantsoenen vleesch, zeven honderd rantsoenen	Sie sehen, das es in meinen Aufträgen liegt, eine Forderung von zwölf hundert Rationen Brod, sechs hundert Rationen Fleisch, sieben hundert Rationen

ensuite lever une contribution de guerre de quinze cents francs, dont la moitié est exigible à sept heures.

voeder, en bovendien eene brandschatting van vijftienhonderd franken te vorderen, waarvan de helft om zeven ure zal moeten betaald worden.

Fourrage zu machen, und überdies eine Steuer von fünfzehn hundert Franken zu erheben, wovon die Hälfte um Sieben uhr bezahlt werden soll.

La commune ne pourra jamais fournir tout ce qu'on lui demande.

De gemeente zal nooit zooveel kunnen leveren als van haar wordt verlangd.

Die Gemeinde wird niemals so viel liefern können, als man von ihr verlangt.

Je serai alors forcé de prendre des mesures de rigueur, qui seront d'autant plus sévères, qu'il est à ma connaissance, que les habitants peuvent tout fournir.

Ik zal dus gedwongen zijn, strenge middelen in het werk te stellen, welke des te scherper zullen zijn, daar ik het wel weet, dat de inwoners alles kunnen leveren.

Ich werde also gezwungen seyn, strenge Mittel zu gebrauchen, welche um so schärfer seyn werden, als ich wohl weis, das die Einwohner alles liefern können.

En ce cas, je vous prie de me donner un certificat, constatant que j'ai cédé, pour éviter de plus grands malheurs.

Dan verzoek ik u, mij een getuigschrift te geven hetwelk bewaarheidt, dat ik, om grootere onheilen te vermijden, heb moeten zwichten.

Alsdann bitte ich Sie, mir ein Certificat auszustellen, welches bestättigt, das ich ihnen nachgegeben habe, um ein gröseres Unheil zu vermeiden.

Je vous le donnerai.

Dat zal ik u geven.

Ich werde es innen geben.

TROISIÈME DIALOGUE.

DERDE GESPREK.

DRITTES GESPRÆCH.

—

Sur les renseignements topographiques, les dépêches, instructions, etc.

Over de plaatsbeschrijvende (topographische), berichten, staatsbrieven, maatregelen, enz.

Uber die topographischen Nachrichten, Depeschen, Massregeln, u. s. w.

Parlez-vous français ?

Spreekt gij fransch?

Sprechen Sie Französisch?

Non, mais le curé le comprend.

Neen, maar de pastoor verstaat het.

Nein, aber der Pfarrer versteht es.

Y a-t-il ici quelqu'un, par exemple un ancien militaire, qui parle le français ?

Is hier iemand, wellicht een oude soldaat, die fransch verstaat ?

Ist jemand hier, etwa ein alter soldat, welcher Französisch versteht?

Non, il n'y a que le secrétaire du bourgmestre qui le comprenne.

Neen, alleen de gemeentesecretaris verstaat het.

Nein, nur der Gemeindeschreiber versteht es.

En ce cas, faites le venir.

Laat hem komen.

Lassen Sie ihn kommen.

Je vais le faire chercher.

Ik zal hem laten ontbieden.

Ich will ihn holen lassen.

Veuillez me donner toutes les cartes et documents

Gelieft de goedheid te hebben mij alle land-

Geben Sie mir ich bitte Sie, alle karten und

topographiques du pays, et fournissez-moi à cet égard tous les renseignements désirables.	kaarten en al de plaatselijke oorkonden des lands te behandigen en mij de beste inlichtingen te geven, welke hierop betrek hebben.	alle Orts dokumente des Landes, und suchen Sie mir in dieser Beziehung die besten Nachrichten zu geben.
Nous n'avons que la carte de la commune, les autres matériaux nous manquent.	Wij bezetten slechts eene kaart onzer gemeente, de andere oorkouden ontbreken ons.	Wir haben nur eine Karte von der Gemeinde, die andern Materialien fehlen uns.
Vous pouvez alors y suppléer par votre connaissance des localités.	Gij kunt alsdan door de kennis, welke gij van deze gewesten hebt, hierin voorzien.	Sie können als dann durch ihre Ortskenntnisse nachhelfen.
Quelle est l'échelle du plan?	Welk is de maatstof van dit plan?	Welches ist der Masstab des Planes?
Il est de dix lignes pour cinquante toises.	Tien lijnen voor vijftig vademen (halve roeden).	Zehn Linien für fünfzig Klafter.
De combien est cette distance?	Hoe groot is deze afstand?	Wie gros ist diese Entfernung?
D'une lieue à-peu-près.	Omtrent een uur.	Ungefähr eine Stunde.
Que représente ce signe?	Wat voor een teeken is dit?	Was ist das für ein Zeichen?
Il indique la délimitation de la commune.	Dat teeken verbeeldt de grenzen der gemeente.	Es bezeichnet die Gränzen der Gemeinde.
Et cet autre?	En het andere teeken?	Und das andere?
Il marque le gué.	Dat beteekent eene wadde.	Das ist eine Furt.
Par quoi sont indiqués les bacs?	Hoe worden de veren aangeduid?	Wo durch sind die Fähren angezeigt?
Par ces petits points.	Door deze kleine punten.	Durch diese kleinen Punkte.
Où est la poste aux lettres?	Waar is de brievenpost?	Wo ist die Briefpost?
A quelques pas d'ici.	Eenige passen van hier.	Einige Schritte von hier.
Vous allez m'y faire conduire, et vous voudrez bien assister à l'ouverture des dépêches.	Gij zult mij derwaarts laten geleiden en bij de opening der brieven tegenwoordig moeten zijn.	Sie werden mich dahin führen lassen, und Sie müssen bei der Eröffnung der Depeschen gegenwärtig seyn.
Je vous suis.	Ik volg u.	Ich folge Ihnen.
Quel est le cachet de cette dépêche?	Wat is dat voor een zegel op dezen brief?	Was ist das für ein Siegel auf dieser Depesche?
C'est celui de la régence.	Dat is het zegel der regering.	Es ist das der Regierung.
Avez-vous reçu des instructions?	Hebt gij bevelen ontvangen?	Haben Sie Befehle erhalten?
Nous devions informer exactement les autorités militaires de la marche des différents corps ennemis.	Ik moest de militaire overheden van de bewegingen der verschillende vijandelijke korpsen nauwkeurig onderrichten.	Ich sollte die Militär behörde von der Truppen märchen genau benachrichtigen.

Correspondiez-vous pour cet objet par la voie ordinaire ?	Hebt gij derhalve de briefwisseling op de gewoonlijke wijze gehouden ?	Haben Sie deswegen auf die gewöhnliche Art briefe gewechselt ?
Non, comme les dépêches pouvaient être interceptées, j'avais un homme du pays qui se chargeait de les remettre.	Neen, daar de staatsbrieven onderschept kunnen worden, heb ik iemand van hier gelast, om die te overhandigen.	Nein, da die Depeschen aufgefangen werden konnten, so habe ich jemanden von hier beauftragt, sie zu überbringen.
N'avez-vous pas reçu d'autres instructions ?	Hebt gij geene andere instructien ontvangen ?	Haben Sie keine andere Verhaltungsmasregeln erhalten ?
Pas d'autres qui aient rapport aux mouvements militaires; le reste ne s'appliquait qu'à la tranquillité que je devais maintenir dans le pays.	Neen geene andere dan betrekkelijk de militaire bewegingen; de andere hebben slechts betrek op de rust, welke ik in den omtrek moet handhaven.	Nur was die Militär bewegungen betrift; die andern bezogen sich auf die Ruhe, welche ich in der Gegend zu erhalten suchen sollte.
Voulez-vous me donner un reçu de la dépêche que je suis chargé de vous remettre ?	Gelieft mij een kwijtschrift te geven over de staatsbrieven, welke ik verplicht ben u te overhandigen ?	Wollen sie mir eine quittung über die Depesche geben, welche ich verpflichtet bin ihnen zu überliefern?
Le voici.	Hier is die.	Hier ist sie.

QUATRIÈME DIALOGUE.   **VIERDE GESPREK.**   **VIERTES GESPRÆCH.**

—

Avec un déserteur.	*Met eenen weglooper (deserteur).*	*Mit einem Überläufer (Deserteur).*
D'où avez-vous déserté ?	Van waar zijt gij gedeserteerd ?	Von wo sind sie entlaufen ?
Des avant-postes.	Van de voorposten.	Von dem Vorposten.
Pourquoi avez-vous déserté ?	Waarom hebt gij de voorposten verlaten ?	Warum haben Sie den Vorposten verlassen ?
Je m'étais mis dans le cas d'encourir uue punition sévère.	Omdat ik in het geval was om eene zware straf te ondergaan.	Ich war in dem Falle eine schwere Strafe zu erleiden.
Dans quel régiment serviez-vous ?	Bij welk regiment stond gij ?	Bei welchem Regiment Standen Sie?
Dans le quatrième régiment d'infanterie.	Bij het vierde linie infanterieregiment.	Beim vierten Linien Infanterie Regimente.
Quel bataillon, et quelle compagnie ?	Bij welk bataillon, en bij welke compagnie ?	Bei welchem Bataillon und bei welcher Compagnie?
La première du deuxième.	Bij het tweede bataillon, eerste compagnie.	Beim zweiten Bataillon, erste Compagnie.
Comment s'appelle votre colonel ?	Hoe noemt zich de overste?	Wie nennt sich der Oberst?

Il se nomme...	Hij noemt zich...	Er heist...
A quelle brigade apparteniez-vous?	Tot welke brigade behoordet gij?	Zu welcher Brigade gehörten Sie?
A la deuxième.	Tot de tweede.	Zur zweiten.
Quelle division?	En tot welke divisie?	Und zu welcher Division?
Première division d'infanterie.	Tot de eerste infanterie divisie.	Zu der ersten Infanterie Division?
De quoi se compose votre division?	Waaruit bestaat die divisie?	Woraus besteht die Division?
De... brigades, chacune de ... bataillons.	Zij bestaat uit ... brigaden, waarvan elke ... bataillons sterk is.	Sie besteht aus .. Brigaden, wovon jede.... Bataillone stark ist.
Combien y a-t-il de compagnies par bataillon?	Hoeveel compagnien zijn er in een bataillon?	Wie viel Compagnien sind bei einem Bataillon?
Six.	Zes.	Sechs.
Quelle est la force d'une compagnie?	Hoe sterk is eene compagnie?	Wie stark ist eine Compagnie?
Nous n'étions guère que cent hommes présents.	Wij waren niet over honderd man tegenwoordig.	Wir waren nicht über hundert Mann präsent.
Quel était l'emplacement de votre régiment au moment de votre départ?	Waar lag uw regiment, toen gij wegliept?	Wo stand ihr Regiment, als sie fortgingen?
Nous étions à...	Wij lagen in...	Wir standen in...
Étiez-vous en marche?	Waart gij op marsch?	Waren sie auf dem Marsch?
On venait de se mettre en route.	Wij waren op het punt te vertrekken.	Wir marschirten so eben aus.
Dans quelle direction?	Naar welke richting?	Nach welcher Richtung?
Du côté de...	Naar...	Nach...
Quel emplacement occupait votre brigade?	Waar lag de brigade?	Wo stand die Brigade?
Les autres régiments de la brigade étaient à... et à..., ils suivaient d'ailleurs notre mouvement.	De andere regimenten der brigade welke in... en in... lagen, volgden ons.	Die andern Regimenter der Brigade, welche in... und... Standen, folgten uns.
Suivaient-ils la même route?	Trokken zij op den zelfden weg voort?	Maarschirten sie auf der nämlichen Strasse?
Non, ils avaient pris le chemin de N... qui rejoint la route de ... à une demie lieue de là.	Neen, zij hadden den weg naar N... ingeslagen, die zich, een half uur verder, met den weg van... vereenigd.	Nein, sie hatten den weg nach N... eingeschlagen, der sich eine halbe Stunde weiter mit der Strasse von ... vereinigt.
En était-il de même de toute la division?	Was dit het zelfde geval bij al de regimenten uwer divisie?	Wars ebenso bei allen Regimentern der Division?
Oui, du moins d'après le bruit qui courait.	Ja, zoo als ik heb vernomen.	Ja, wie ich mir habe sagen lassen.

De combien de régiments d'infanterie se compose le corps d'armée ?	Hoeveel regimenten voetvolk telt het vijandelijke korps ?	Wie viel Infanterie Regimenter zählt das ganze feindliche Corps ?
Il y a en tout... régiments dont deux à l'avantgarde, quatre au corps principal, et deux à l'arrière-garde.	In het geheel...regimenten, waarvan twee bij de voorhoede, vier bij het hoofdkorps en twee bij de achterhoede zijn.	Es sind im ganzen... Regimenter, wovon zwei bei der Avantgarde, vier beim Hauptcorps, und zwei bei der Arriere-garde sind.
Connaissez-vous aussi la force de la cavalerie?	Kunt gij ook de sterkte der ruiterij opgeven?	Wissen Sie auch die Stärke der Cavallerie anzugeben?
Elle se compose en tout de... régiments.	In het geheel zijn er... regimenten.	Im ganzen sind es ... Regimenter.
Quelle espèce de cavalerie est-ce?	Welke soort van ruiterij is het?	Welche art von Cavalerie ist es ?
Il y a quatre régiments de..., le régiment qui est à l'avant-garde est un régiment de...	Er zijn vier regimenten... en het regiment, dat bij de voorhoede gevoegd is bestaat uit...	Es sind vier Regimenter von ... das der Avantgarde zugetheilte Regiment sind ...
Quelle est la force de l'artillerie ?	Hoe sterk is de artillerie?	Wie stark ist die Artillerie ?
Il y a... brigades, qui peuvent avoir... bouches à feu.	De artillerie bestaat uit... brigaden, en er zijn omtrent... geschutten.	Die Artillerie besteht in... Brigaden, und es mögen ungefähr... Geschütze seyn.
Combien y a-t-il de pièces à l'avant-garde ?	Hoeveel geschutten zijn er bij de voorhoede ?	Wie viel Geschütze, sind bei der Avant-garde,
Il y en a en tout quatorze savoir : huit pièces de 6, quatre obusiers de 7, deux pièces de 12.	In het geheel veertien geschutten, en wel acht zesponders, vier obitsers en twaalfponders.	Im ganzen vierzehn Geschütze, und zwar acht sechspfündigeKanonen, vier siebenzöllige Haubitzen, und zwei zwölfpfündige Kanonen.
Quelle est la force totale du corps d'armée.	Hoe sterk in getal is dus het geheele vijandelijke korps ?	Wie stark ist also wohl das ganze feindliche Corps?
D'après ce que j'ai entendu dire, il doit y avoir de vingt cinq à trente mille hommes.	Volgens hetgeen ik heb hooren zeggen, moeten er vijf-en-twintig tot dertig duizend man zijn.	Wie ich mir habe sagen lassen, sollen es fünf und zwanzig bis dreissig tausend Mann seyn.
A quelle distance sommes nous de l'avant-garde?	Op welken afstand zijn wij hier nog van de voorhoede?	Wie weit ist die Avant-garde von uns entfernt?
A deux bonnes lieues.	Op twee groote uren afstands.	Es werden zwei gute Stunden seyn.
A-t-on élevé des retranchements?	Heeft men verschansingen opgeworpen ?	Hat man auch Verschanzungen angelegt ?
Oui, on a construit trois redans entre les villages A et B, où l'avant-garde	Ja, tusschen de dorpen A en B, in welke de voorhoede stelling genomen	O ja, zwischen den Dörfern A und B, in welchen sich die Avant-garde

Quatrième dialogue.	Vierde gesprek.	Viertes Gespräch.
a pris position, puis, à droite et à gauche de ces deux villages, on a élevé des redoutes pour assurer les flancs, ces redoutes sont très grandes et solidement construites, chacune d'elles est armée de deux pièces de canon.	heeft, zijn drie redens aangelegd, en rechts en links van de genoemde dorpen heeft men wijkschansen opgericht om de omstreken te verzekeren; deze wijkschansen of redouten zijn zeer groot en hecht, en elke is van twee geschutten voorzien.	festgesetzt hat, sind drei Fleschen angelegt worden, und rechts und links von den benannten Dörfern hat man eckige Redouten erbaut, um die Umgebung zu sichern; diese Redouten sind sehr gross und fest, und jede mit zwei Geschützen versehen.
D'où avez-vous su tous ces détails?	Waarvan weet gij dat alles?	Woher haben Sie dieses alles ersehen?
C'est parce que notre régiment a travaillé à tous ces ouvrages.	Ik weet het, omdat ons regiment aan deze werken gearbeid heeft.	Ich weis es, weil unser Regiment an diesen Werken gearbeitet hat.
Quelle est la nature du terrain autour des deux villages?	Van welken aard is de grond rondom deze dorpen?	Wie ist denn das Terrain um diese Dörfer beschaffen?
Celui qui s'étend en avant du village B... est plat et un peu sablonneux, quant au terrain qui environne A, il est accidenté, et à droite du village, se trouve un assez grand étang, auquel s'appuie la redoute.	Voor B... is hij effen en een weinig zandachtig, rondom A... echter is de grond ongelijk en rechts van het dorp is een redelijk groote vijver, waaraan de wijkschans geleund is.	Vor B... ist es eben und etwas sandig; um A... ist aber das Terrain durchschnitten, und rechts von dem Dorfe ist ein ziemlich groser Teich, an welchem die Redoute angelehnt ist.
Quel est le village qui est le plus fortement occupé?	In welk dorp ligt de sterkste bezetting?	Welches Dorf ist am stärksten besetzt?
Celui de B... est le plus considérable, et par conséquent, le plus fortement occupé; les deux tiers de l'avant-garde sont chargés de la défense de ce poste; à droite et à gauche de B... la cavalerie a pris position, parce que le terrain en cet endroit est plat.	B... is het grootste en derhalve ook het sterkst bezet, twee derde der voorhoede zijn tot verdediging van dezen post bestemd, en rechts en links voor B... heeft de ruiterij hare stelling genomen, omdat de grond hier effen is.	B.. ist das grössere und daher auch stärker besetzt, zwei drittel der stärke der Avant-garde sind zur Vertheidigung dieses Postens bestimmt, und rechts und links vor B... hat die Cavallerie ihre position genommen, weil das Terrain her eben ist.
Y a-t-il à B... de grands bâtiments?	Zijn in B... veel groote gebouwen?	Sind in B... viele grose Gebäude?
L'église et le château sont les plus considérables.	De kerk en het kasteel zijn de grootste.	Die Kirche und das Schloss sind die grössten.
C'est bien, vous pouvez vous en aller.	Het is wel, gij kunt vertrekken.	Nun gut, Sie können gehen.

CINQUIÈME DIALOGUE.	VIJFDE GESPREK.	FÜNFTES GESPRÆCH.
—	—	—
Avec un autre déserteur.	*Met eenen anderen over-looper of deserteur.*	*Mit einem andern Uber-laufer.*
D'où venez-vous ?	Waar van daan komt gij ?	Wo kommen Sie her ?
De ...	Ik kom van ...	Aus ...
Êtes-vous déserteur ?	Zijt gij een overlooper ?	Sind Sie ein Deserteur ?
Oui.	Ja.	Ja.
Depuis quand avez-vous quitté votre régiment ?	Sedert wanneer hebt gij uw regiment verlaten ?	Seit wann haben Sie ihr Regiment verlassen ?
Il y a trois jours.	Sedert drie dagen.	Seit drei Tagen.
Pour quel motif ?	Uit welke oorzaak ?	Aus welchem Grunde ?
Le service y est trop pénible ; je voulais d'ailleurs aller en Afrique.	De dienst is te streng, en ik verlang naar Afrika te gaan.	Der Dienst ist zu streng, und ich wünsche nach Afrika zu gehen.
Vous voulez donc servir dans la légion étrangère ?	Gij wilt dus dienst nemen in het vreemden legioen ?	Sie wollen also in der Fremden Legion dienst nehmen ?
C'est mon seul désir.	Ik wensch het uit ganscher harte.	Ich wünsche es von ganzen Herzen.
Quelle taille avez-vous ?	Hoe groot zijt gij ?	Wie gros sind Sie ?
Un mètre cinquante.	Een meter en vijftig.	Ein Meter fünfzig.
Votre âge ?	Hoe oud zijt gij ?	Wie alt sind Sie ?
J'ai vingt trois ans.	Ik ben drie en-twintig jaren oud.	Drei und zwanzig Jahre.
Votre profession ?	Welk ambacht doet gij ?	Was für ein Handwerk haben Sie ?
J'exerçais l'état de charron.	Ik ben een wagemaker van stiel.	Ich bin ein Wagner.
Avez-vous déserté avec armes et bagages ?	Zijt gij met pak en zak gedeserteerd ?	Sind Sie mit Waffen und Gepäck desertirt ?
Oui, car j'étais de service quand j'ai déserté, mais j'ai vendu tous les effets qui pouvaient me faire reconnaître, et je ne possède plus que ce que j'ai sur moi.	Ja, want ik was op den post, toen ik overgeloopen ben, maar ik heb alle kleedingstukken verkocht, die mij konden verraden, en ik bezit niets meer, dan hetgeen ik aan mijn lijf draag.	Ja, denn ich war auf dem Posten als ich übergelaufen bin, aber ich habe alle kleider verkauft, die mich hätten verrathen können, und ich habe nur noch was ich an mir trage.
Avez-vous besoin de souliers et de chemises ?	Hebt gij geene schoenen en hemden van doen ?	Haben Sie Schuhe, und Hemden nöthig ?
Des souliers pas, mais j'aurais besoin de chemises.	Geene schoenen, maar wel hemden.	Keine Schuhe, aber wohl Hemden.
Connaissez-vous les conditions de votre engagement ?	Kent gij de voorwaarden uwer dienstneming ?	Kennen sie die Bedingungen ihrer anwerbung ?
Pas toutes.	Ik ken ze niet allen.	Ick kenne sie nicht alle.

SIXIÈME DIALOGUE.	ZESDE GESPREK.	SECHSTES GESPRÆCH.
Avec un prisonnier de guerre.	*Met eenen krijsgevangenen.*	*Mit einem Kriegsgefangenen.*
Êtes-vous prisonnier depuis longtemps ?	Zijt gij reeds lang gevangen ?	Sind Sie schon lange gefangen ?
Il n'y a pas deux heures que j'ai été obligé de mettre bas les armes.	Er zijn nog geene twee uren verleden, dat ik het geweer heb moeten strekken.	Es sind noch nicht zwei stunden, dass ich das Gewehr strecken muste.
A quel régiment apparteniez-vous ?	Bij welk regiment stond gij ?	Bei welchem Regimente standen Sie ?
Au... régiment de ligne.	Bij het... regiment voet volk.	Bei dem... Infanterie Regiment.
Quelle était la force de votre régiment ?	Hoe sterk was uw regiment ?	Wie stark war ihr Regiment ?
Il y avait bien quinze cents hommes.	Het bestond uit wel vijftien honderd man.	Es waren wohl ein tausend fünfhundert Mann.
Étaient-ils tous présents ?	Waren zij alle onder de wapens ?	Waren sie alle präsent ?
Non, il y en avait au moins cent cinquante de blessés ou malades.	Neen, er waren ten minste honderd en vijftig gekwetsten en zieken.	Nein, es waren wenigstens hundert und fünfzig verwundete oder kranke.
En est-il de même dans tous les régiments dans votre division ?	Is het insgelijks bij al de regimenten van uwe divisie ?	Ist's eben so bei allen Regimentern ihrer Division ?
A-peu-près.	Ten naaste bij.	Beinahe.
De quelle brigade faisiez-vous partie ?	Tot welke brigade behoordet gij ?	Zur welcher Brigade gehörten Sie ?
De la première brigade de la deuxième division.	Tot de eerste brigade der tweede divisie.	Zur der ersten Brigade der zweiten Division.
De combien de régiments se composait votre division ?	Uit hoeveel regimenten bestond uwe divisie ?	Wie viel Regimenten zählte ihre division ?
De... chacun de... bataillons.	Uit... regimenten, waarvan elk uit... bataillons bestaat.	Sie zählt ... Regimenten wovan jedes aus ... Bataillonen besteht.
Où se trouvait votre régiment ?	Waar lag uw regiment ?	Wo stand Ihr Regiment ?
A ..., avec le reste de la brigade.	In... met de overige brigade.	In ... mit der übrigen Brigade.
Quel emplacement occupait la division ?	Waar lag de divisie ?	We stand die Division ?
Elle était cantonnée dans le voisinage de...	Zij was in de nabijheid van... gekantoneerd.	Sie war in der Nahe von ... cantonnirt.
Aviez-vous reçu l'ordre de partir ?	Hadt gij reeds het bevel tot vertrek ontvangen ?	Haiten sie den Befehl zum Abmarsch erhalten ?
On l'attendait à chaque instant.	Men verwachtte het elk oogenblik.	Man erwartete ihn jeden Augenblik.

Étiez-vous d'une compagnie d'élite ?	Stond gij bij eene keurbende ?	Gehörten sie zu einer ausgesuchten compagnie ?
Oui.	Ja.	Ja wohl.
Fait-on des distributions régulières de vivres et de fourrages ?	Geschied de uitdeeling van brood en voeder op eene regelmatige wijze ?	Theilt man Brod und Fourrage regelmässig aus ?
Non, depuis quelque temps nous sommes obligés d'aller à la maraude, et c'est même dans une de ces excursions que j'ai été pris.	Neen, sedert eenige dagen moesten wij op strooperijen uitgaan en gedurende eene dezer werd ik gevangen genomen.	Nein, seit einigen Tagen mussten wir auf streifereien zielehn und in einer derselben bin ich gefangen worden.
Comment se fait-il que les vivres ne vous soient pas distribués régulièrement ?	Hoe komt het, dat u de levensmiddelen niet geregeld werden toegedeeld ?	Woher kommt es, das Ihnen die Lebensmittel nicht regelmässig ausgetheilt werden.
On attendait un convoi de ...	Men verwachtte eenen toevoer van ...	Man erwartete von ... eine Zufuhr.
Savez-vous quelle route doit suivre ce convoi?	Weet gij welken weg die toevoer nemen moet?	Wissen sie, welchen Weg die Zufuhr nehmen soll?
La route ordinaire par ... et ..	Ja, den gewonen weg over ... en . .	Den gewöhnlichen Weg über ... und ...
Connaissez-vous la force du détachement chargé d'escorter le convoi?	Kent gij de sterkte van de afzending welke belast is om de toevoer te dekken ?	Kennen sie die stärke des commandos, welches beauftragt ist; den wagenzug zu decken?
C'est ce que je ne puis vous dire; mais quant au dernier que nous avons escorté, nous étions à peu près quatre cents fantassins, et nous avions avec nous quatre vingts cavaliers.	Dat kan ik u niet zeggen, maar bij den laatsten waren wij met omtrent vier honderd man voetvolk en tachtig ruiters.	Das kann ich nicht sagen, aber bei dem letzten waren wir ungefähr vier hundert Infanteristen und achtzig Cavalleristen.
A quelle heure de la nuit partent les patrouilles?	Op welk uur des nachts gaan de wachten of ronden uit ?	Zu welcher stunde der nacht gehen die Patrullen ab ?
A minuit.	Te middernacht.	Um Mitternacht.
Quelle est la consigne des sentinelles et des vedettes?	Waarin bestaat het order der schildwachten en der ruiterwachten ?	Woraus besteht die Ueberlieferung der Schildwachen und der Cavallerieposten ?
Dès que l'une d'elles aperçoit quelque chose, elle doit crier « Halte-là ! » qui vive ! On répond « Patrouille ! » Ronde !	Zoodra zij iets gewaar worden roepen zij « Halt ! werda ! » men antwoord « Wacht » Ronde !	Sobald sie etwas gewahr wird, muss sie rufen « Halte ! wer da ! » Man antwort « Patrulle ! » Runde !
Quelle espèce de mots employez-vous pour vous reconnaître ?	Van welke soort woorden bedienen zij zich om zich onderling te herkennen ?	Welche art von Worten gebrauchen sie, um sich gegenseitig zu erkennen ?

Il y en a deux sortes : le mot d'ordre et le mot de ralliement.	Men heeft er twee soorten : het wachtwoord en het herzamelingswoord.	Man hat deren zwei : die Parole und das Feldgeschrei.
Ne change-t-on pas quelquefois le mot d'ordre ?	Word het wachtwoord niet somtijds veranderd ?	Wird die Parole nicht zuweilen verändert ?
Oui, quand on prévoit une attaque.	Ja, wanneer men eenen aanval vooruitziet.	Ja, wenn man einen Angriff voraussieht.
Dans les avant-postes, n'emploie-t-on pas souvent des signes au lieu de mots ?	Bezicht men in de voorposten niet somwijlen teekens in plaats van woorden ?	Gebraucht man in den Vorposten nicht zuweilen Zeichen anstatt der Worte ?
On y a renoncé, à cause des méprises qui ont eu lieu.	Men heeft daarvan afgezien, uit hoofde der dwalingen die er door ontstaan zijn.	Man hat diesem entsagt, wegen der Irrthümer, die daraus entstanden sind.
La sentinelle a-t-elle pour consigne de faire feu, quand on ne répond pas?	Heeft de schildwacht het bevel om te schieten, als men niet antwoord ?	Hat die Schildwache den Befehl zu schiessen, wenn man nicht antwortet ?
Oui, au deuxième « Qui vive ! » si l'on ne répond pas, et que l'on continue d'avancer, la sentinelle fait feu, et se replie immédiatement sur le poste.	Ja, wanneer men op het tweede werda ! niet antwoord, en voorwaarts gaat, dan geef de schildwacht vuur en trekt zich op haren post terug.	Ja, wenn man auf das zweite « Werda ! » nicht antwortet, und wenn man vorwärts geht, so schiest die Schildwache, und zieht sich auf ihren Posten zurück.
Y a-t-il beaucoup de nos soldats qui désertent chez vous ?	Loopen vele van onze soldaten naar u over ?	Desertiren viele von unseren Soldaten zu ihnen?
Pas mal.	Redelijk.	Ziemlich.
Comment les traite-t-on ?	Hoe worden zij behandeld?	Wie werden sie behandelt?
On les dirige dans l'intérieur, après leur avoir ôté leurs armes et leurs chevaux.	Men stuurt ze naar het binnenland, nadat men hun de wapens en paarden heeft afgenomen.	Man schikt sie in das Innere, nachdem man ihnen ihre Waffen und Pferde abgenommen hat.

SEPTIÈME DIALOGUE. | ZEVENDE GESPREK. | SIEBENTES GESPRÆCH.

Sur les mouvements et la position de l'ennemi.	*Over de bewegingen en de stelling des vijands.*	*Über die Bewegungen und die Stellung des Feindes.*
Sommes-nous bientôt au village de N... ?	Zijn wij welhaast in het dorp N... ?	Sind wir bald in dem Dorfe N... ?
Vous en êtes encore loin.	Gij zijt er nog ver van verwijderd.	Sie Sind noch weit davon?
Où est l'ennemi? Est-il encore à ... ou sur la ... ?	Waar ligt de vijand ? Is hij nog in ... of aan de ... ?	Wo steht der Feind ? Ist er noch in... oder an der... ?
Il est à trois lieues d'ici, au camp de ...	Hij ligt drie uren van hier, in het leger bij ...	Er steht drei Stunden von hier, im Lager bei...

Depuis quand l'armée a-t-elle pris cette position?	Sedert wanneer heeft het heer die stelling genomen?	Seit wann hat die Armee diese Stellung genommen?
Depuis la semaine dernière.	Sedert verledene week.	Seit voriger Woche.
Où est le quartier général?	Waar ligt het hoofdkwartier?	Wo steht das Haupstquartier?
Il est actuellement à ...	Het ligt thans in ...	Es steht jetzt in (zu)...
Où sont les avant-postes?	Waar staan de voorposten?	Wo stehen die Vorposten?
Tout au plus à un quart de lieue d'ici.	Ten hoogste een kwartier uurs van hier.	Höchstens eine Viertelstunde von hier.
La surveillance est-elle active?	Is het opzicht streng?	Ist die Wachsamkeit streng?
Non, ils négligent de se garder.	Neen, zij zijn niet op hunne hoede.	Nein, Sie Sind nicht auf ihrer Hut.
Y a-t-il un piquet dans le village voisin?	Staat er een piket of eene legerwacht in het naaste dorp?	Steht ein Piquet in dem nächsten Dorfe?
Il y a soixante hommes de cavalerie.	Er zijn zestig ruiters in het dorp.	Es sind sechzig Kavalleristen darin.
Y a-t-il des détachements dans les environs?	Liggen er afzendingen rondom in deze streken?	Stehen commandos in diesen Gegenden herum?
Oui, avant-hier ils ont été à la découverte, d'abord du côté de..., ensuite vers..., mais ils se sont aussitôt retirés.	Ja, eergisteren zijn zij op verkenning uitgegaan, ten eerste naar den kant van... en daarna na dien van... maar zij hebben zich dadelijk teruggetrokken.	Ja, Vorgestern machten Sie eine Recognoscirung erstens gegen... hernach gegen...zogen sich aber gleich zurück.
L'armée a-t-elle levé son camp?	Is het leger opgebroken?	Ist das Lager abgebrochen?
Oui.	Ja.	Ja.
Où s'est-elle portée?	In welke richting is het leger getrokken?	Wo hat sich die Armee hingezogen?
Elle s'est repliée sur...	Het heeft zich over... teruggetrokken.	Sie hat sich über... zurückgezogen.
L'armée est-elle en marche?	Is het leger in optocht?	Ist die Armee auf dem March?
Oui, car j'ai rencontré ce matin les lanciers.	Ja, want ik heb dezen morgen de lanciers ontmoet.	Ja, denn ich bin diesen Morgen den Lanzenreitern begegnet.
Vient-elle à nous?	Trekt het op ons toe?	Rückt sie auf uns zu?
A grands pas.	Ja, het is in vollen aantocht.	Ja, sie ist in vollem Anzuge.
Les avant-postes se sont-ils retirés?	Hebben zich de voorposten teruggetrokken?	Haben sich die Vorposten zurückgezogen?
Oui, je les ai vus à une demi lieue d'ici.	Ja, ik heb ze een half uur van hier gezien.	Ja, ich habe sie eine halbe Stunde von hier gesehen.
N'avez-vous pas rencontré des patrouilles à cheval?	Hebt gij geene ruiterwacht ontmoet?	Ist er nicht einer reitenden Patrulle begegnet?

J'en ai rencontré une à cheval et une à pied.	Ja, ik heb eene ruiterwacht. en eene ronde van voetvolk ontmoet.	Ich bin einer reitenden Patrulle und einer zu Fuss begegnet.
L'ennemi va-t-il souvent en reconnaissance du côté de ce village?	Doet de vijand dikwijls ronden naar de richting van dit dorp?	Macht der Feind oft Patrullen in der Richtung dieses Dorfs?
Oui, ils vont ordinairement jusqu'au bois.	Ja, en zij gaan dan gewoonlijk tot aan het bosch.	Ja, Sie gehen gewöhnlich bis an das Gehölz.

HUITIÈME DIALOGUE. — ACHTSTE GESPREK. — ACHTES GESPRÆCH.

Pour demander le chemin.	*Om den weg te vragen.*	*Um nach dem Wege zu fragen.*
Indiquez-moi, je vous prie, la route de...?	Wijst mij, als het u beliefd den weg naar...?	Zeigen sie mir gefälligt den Weg nach...
Vous lui tournez le dos, il faut retourner sur vos pas.	Gij keert den rug aan die plaats en moet omkeeren.	Sie Kehren ihn den Rücken. Sie müssen gerade wieder umkehren.
Suis-je bien éloigné de la vraie route?	Ben ik nog ver van den rechten weg?	Bin ich noch weit vom geraden Wege entfernt?
Vous en êtes à un quart de lieue.	Gij zijt er nog een kwartier van verwijderd.	Sie Sind noch eine Viertelstunde davon.
Dois-je prendre à droite où à gauche?	Moet ik rechts of links gaan?	Muss ich rechts oder links gehen?
Vous prendrez la route à droite.	Gij moet rechts gaan.	Sie müssen rechts gehen.
Combien y a-t-il d'ici à...?	Hoe ver is het van hier naar...?	Wie weit von hier nach...?
Il y a douze lieues par la grande route.	Twaalf uren als men den grooten weg volgt.	Es sind zwölf Stunden auf der Landstrasse.
Y a-t-il un chemin plus court?	Bestaat er nog een weg die korter is.	Gibt es einen Kürzern weg?
Oui, il y a la traverse qui abrège de deux lieues.	Ja, er bestaat een binnenweg, die twee uren korter is.	Ja, es gibt einen Abweg, der um zwei Stunden kürzer ist.
Où la trouverai-je?	Waar zal ik die kunnen vinden?	Wo werde ich ihn antreffen?
A un quart de lieue d'ici.	Een kwartier verder van hier.	Eine Viertelstunde von hier.
Comment appelez-vous ce village sur la droite?	Hoe noemt men dat dorp daar rechts?	Wie nennen sie dieses Dorf, rechter hand?
C'est N...	Het is N...	Es ist N...
Et celui de gauche, près de la foret?	En dat daar links, nabij het woud?	Und dieses linkerhand, nahe am Walde?
C'est X...	Het is X...	Es ist X...
Allons-nous bientôt gagner la traverse?	Zullen wij welhaast aan den binnenweg komen?	Müssen wir nun bald auf den Nebenweg kommen?

Vous la voyez à droite, près du poteau.	Gij ziet hem daar rechts nevens den paal.	Sie sehen ihn rechter hand neben dem Pfahle.
Qu'indique ce poteau?	Wat beduid die paal?	Was bedeutet der Pfahle?
Les limites de …	Het is de grenspaal van…	Es sind die Gränzen des…
Quelle est cette autre traverse qui croise?	Wat voor een nevenweg is de andere, die zich kruist?	Was ist der andere für ein Nebenweg, der sich kreuzet?
Elle conduit à la verrerie de …	Hij leid naar de glasblazerij van …	Er geht auf die Glashütte von …
Je crains de donner dans quelques postes ou patrouilles.	Ik vrees dat ik op eenen voorpost of eene ronde zou kunnen stoten.	Ich befürchte wohl auf einige Vorposten oder Patrullen zu stossen.
C'est impossible par le chemin que je vous montrerai.	Dat is onmogelijk op den weg, die ik u wil wijzen.	Das ist unmöglich auf dem Wege, welchen ich Ihnen zeigen will.
Montrez-le moi.	Wijst hem mij.	Zeigen sie mir ihn.
Le voici devant vous près de cet arbre.	Daar ligt hij voor u, daar kort bij dien boom.	Da liegt er vor ihnen, nahe bei dem Baume.
Oui, mais je vois deux chemins qui se croisent; quel est le véritable?	Ja, maar ik zie er twee die zich kruissen; welk is de rechte?	Ja, aber ich sehe deren zwei, die sich kreuzen, welches ist der rechte?
C'est celui de droite qui conduit à la gauche de ce bois; on le voit d'ici.	Het is die op de rechter hand, welke links naar het bosch leid, men ziet hem van hier.	Es ist der, rechter hand, der links nach dem Gehölze führt, man sieht ihn von hier.
Quand je serai près du bois, ne courrai-je pas le risque de me tromper?	Wanneer ik nabij het bosch ben, kan ik dan niet meer dwalen?	Wenn ich nahebei dem Gehölze bin, kann ich mich nicht da verirren?
Non, le chemin va droit à un petit village que vous découvrirez, quand vous serez sur la hauteur.	Neen, de weg loopt recht tot op een klein dorp, dat gij zult ontdekken, als gij op de hoogte komt.	Nein, der Weg geht gerade bis in ein kleines Dorf, das Sie sehen, wenn Sie auf die Anhöhe kommen.
N'y a-t-il pas plusieurs villages?	Liggen daar nog andere dorpen.	Liegen da nicht noch andere Dörfer?
Il y en a deux, mais c'est celui de droite qu'il faut gagner.	Er liggen daar nog twee dorpen, maar gij moet op de rechterhand aangaan.	Es liegen zwei da, aber sie müssen bei auf das rechter hand gehen.
Où me conduirait celui de gauche?	En wanneer ik nu naar dat zoude aangaan welk rechts ligt, waar zou ik dan gelangen?	Und wenn ich auf das linker hand gienge, wo würde ich hinkommen?
Prenez-y-garde, il y a justement dans ce village un piquet de …	Neemt u daarvoor in acht, want er ligt daar een piket van …	Nehmen Sie sich in Acht, denn es liegt ein Piquet von… da.
Quelle est ensuite la route la plus sûre jusqu'à… dès que j'aurai gagné ce petit village?	Wanneer ik opdat kleine dorp daar zal aangekomen zijn, welk is dan de zekerste weg naar…?	Wenn ich auf dieses kleine Dorf gekommen bin, welches ist hernach der sicherste Weg nach…?

Pour plus de sûreté, quand vous serez au village, entrez à l'auberge de...., là, on vous enseignera le chemin.	Om niet mis te gaan, wanneer gij op het dorp zult aangekomen zijn, ga dan in de herberg van.... daar zal men u den rechten weg aantoonen.	Um nicht fehl zu gehen, wenn Sie auf das Dorf kommen, so gehen Sie in das Wirthshaus von... da, wird man Ihnen den rechten Weg zeigen.
Passé ce village, n'aurai-je plus rien à craindre?	Wanneer ik het dorp voorbij ben, heb ik dan niets meer te vreezen?	Wenn ich vor dem Dorfe vorbei bin, habe ich dann nichts mehr zu befürchten?
Non, vous aurez dépassé l'arrière-garde.	Neen, dan zult gij de achterhoede voorbij gegaan zijn.	Nein, alsdann haben Sie die Arriere-Garde hinter Sich gelassen.
Serai-je encore bien éloigné de notre armée?	Zal ik dan nog ver van ons krijgsheer verwijderd zijn?	Werde ich noch weit von unserer Armee entfernt seyn?
Non, vous ne tarderez pas à trouver les avant-postes.	Gij zult dan welhaast de voorposten aantreffen.	Sie werden dann bald die Vorposten antreffen.

NEUVIÈME DIALOGUE.

—

Avec un guide.

NEGENDE GESPREK.

—

Met eenen gids.

NEUNTES GESPRÆCH.

—

Mit einem Führer.

Connaissez-vous le chemin de...?	Kent gij den weg naar...?	Kennen sie den Weg nach...?
Oui, il y a deux routes qui y mènent, la grande route, et un chemin de traverse.	Ja, er zijn twee wegen die daar naar toe loopen de groote weg en een binnenweg.	Ja, es gibt zwei Wege dahin, die Hauptstrasse und einen Nebenweg.
Quel est le plus court?	Welke van beiden is de kortste?	Welcher von beiden ist der nächste?
C'est le chemin de traverse.	De binnenweg.	Der Nebenweg.
Voulez-vous m'y conduire?	Wilt gij mij daar heen geleiden?	Wollen Sie mich dahin führen?
Très volontiers.	Zeer gaarne.	Sehr gern.
Ce chemin est-il praticable en toute saison?	Is deze weg in elk jaargetijde bruikbaar?	Ist dieser Weg zu jeder Jahreszeit gangbar?
Non, il ne l'est que dans la belle saison, et hiver les pluies fréquentes et la neige le rendent impraticable.	Neen, alleenlijk in het schoone jaargetijde, in den winter wordt hij door de menigvuldige regenbuien en den sneeuw onbruikbaar gemaakt.	Nein, nur in der schönen Jahreszeit; im Winter wird er durch die häufigen Regengüss und das Schnee gestöber ungangbar gemacht.
Est-on alors forcé de suivre la grande route?	Is men in dat geval gedwongen den grooten weg te volgen.	Ist man alsdann gezwungen die Hauptstrasse zu gehen?
Oui.	Ja.	Ja wohl.

Comment est la grande route?	Hoe is de groote weg?	Wie ist die Landstrasse beschaffen?
Elle est très bien pavée, et assez large pour permettre à deux voitures de passer de front.	De groote weg is goed gekasseid en breed genoeg voor twee nevens elkander rijdende wagens.	Sie ist sehr gut gepflastert und breit genug für zwei nebeneinanderfahrende Wagen.
Y a-t-il aussi des pentes d'enrayage?	Heeft hij ook afhellingen, waar men moet stremmen?	Hat sie auch Abhänge, wo gehemmt werden mus?
Il y en a plusieurs, en général, la route est très inégale, et à quatre lieues d'ici, il faut des chevaux de renfort.	Verscheidene, over 't algemeen is de groote weg zeer oneven, en op vier uren afstands van hier moet men voorspan nemen.	Mehrere, im allgemeinen ist die Strasse sehr uneben, und auf vier stunden weit, mus man Vorspann nehmen.
A quelle distance sommes-nous maintenant de la ville?	Hoe ver zijn wij thans van de stad verwijderd?	Wie weit sind wir jetzt von der Stadt?
A une lieue.	Een uur.	Eine Stunde.
Comment s'appelle cette rivière, que l'on voit dans la vallée?	Hoe noemt men de rivier, welke men daaronder in het dal ziet?	Wie heist der Fluss, den man da unten im Thale sieht?
C'est la...	De...	Die...
Où est son embouchure?	Waar is de mond dezer rivier?	Wo ist deren Ausfluss?
A deux lieues d'ici, près de...	Twee uren van hier, bij...	Zwei Stunden von hier, bei...
Est-elle navigable?	Is de rivier vaarbaar?	Ist sie schiffbar?
Oui, mais seulement pour les petits bateaux.	Ja, maar slechts voor geheel kleine vaartuigen.	Ja, aber nur für ganz kleine schiffe.
Est-elle aussi guéable?	Is zij ook waadbaar?	Ist sie auch furtbar?
Je ne connais qu'un endroit près de... où elle le soit.	Ik ken slechts eene enkele plaats, namelijk bij... waar zij waadbaar is.	Ich kenne nur einen einzigen Ort, nämlich bei ...wo sie es ist.
Pourriez-vous me l'indiquer exactement?	Kunt gij mij die plaats nauwkeurig beschrijven?	Können Sie mir den Ort genau beschreiben?
Au bout du village, il y a un sentier qui conduit à la rivière, et qu'il suffit de suivre; il est impossible de se tromper.	Aan het einde des dorps leid een voetpad naar de rivier, en men behoeft slechts de richting van dit voetpad te volgen om niet te missen.	Am ende des Dorfes führt ein Fusspfad nach dem Flusse, und man braucht nur der Richtung dieses fussteiges zu folgen, so kann man sich nicht irren.

DIXIÈME DIALOGUE.	TIENDE GESPREK.	ZEHNTES GESPRÆCH.
Avec un espion.	*Met eenen verspieder (of spioen).*	*Mit einem Spione.*
Quelle était votre mission?	Welken last hebt gij ontvangen?	Welchen auftrag hatten Sie?
Je devais prendre des renseignements exacts sur la force et la position de l'armée ennemie.	Ik moest nauwkeurige berichten inzamelen over de sterkte en de stelling van het vijandelijke leger.	Ich sollte genaue nachzichten über die starke und stellung der feindlichen Armee sammeln.
Qui vous en avait chargé?	Van wien hebt gij dezen last ontvangen?	Von wenn sind sie dazu beauftragt worden?
Notre général en chef.	Van onzen opperbevelhebber.	Von unserm Oberbefehlshaber.
Maintenant que vous êtes en mon pouvoir, vous saurez que d'après les usages de la guerre, je pourrais vous faire punir de la manière la plus rigoureuse; cependant je vous promets non seulement grâce entière, mais encore une bonne récompense, si vous voulez répondre exactement aux questions que je vais vous faire.	Daar gij thans in mijn bezit zijt, zult gij wel weten, dat volgens het krijgsgebruik, ik u zeer streng kan laten straffen; doch ik beloof u echter niet alleen geheele vergiffenis, maar ook nog eene aanzienlijke belooning, indien gij mij nauwkeurig zult antwoorden op hetgeen ik u zal vragen?	Sie Sind jetzt in meiner Gewalt, und werden wissen, dass ich sie nach dem Kriegsgebrauche Könnte sehr streng bestrafen lassen, aber ich verspreche ihnen nicht allein die gröste schonung, sondern auch noch eine beträchtliche belohnung, wenn Sie mir genau auf das antworten wollen, was ich Sie fragen werde.
Je suis prêt à satisfaire à votre demande, en âme et conscience.	Ik ben bereid met openhartigheid aan uw verlangen te voldoen.	Ich bin bereit, ihr begehren gewissenhaft zu erfüllen.
Quelle est la force de l'armée ennemie?	Hoe sterk is het vijandelijke leger?	Wie stark ist das feindliche heer?
Trente mille hommes au plus.	Ten hoogste dertig duizend man.	Höchstens dreissig tausend Mann.
Combien de régiments compte-t-elle?	Uit hoeveel regimenten bestaat het?	Wie viel Regimenter zählt es?
Elle se compose de... régiments de ligne, et de... formant environ vingt mille hommes, de régiments de cavalerie et d'artillerie.	Het is zamengesteld uit... linie infanterie regimenten, en..., welke te zamen omtrent twintig duizend man bedragen, verder telt men.., regimenten ruiterij en artillerie.	Es besteht aus ... Linien Infanterie Regimentern, und ... welche zusammen etwa zwanzig tausend Mann ausmachen; dann zählt man ... Cavallerie und Artillerie Regimenter.
Quelle est la position de l'armée?	Welke stelling heeft dit krijgsheer?	Was has die Armee für eine Stellung?

L'aile droite occupe le village de... qui est retranché et barricadé, à un quart de lieue sur la gauche, on a établi un camp retranché où bivouaquent les masses principales, et un peu plus à gauche encore, sur une petite hauteur, l'aile gauche occupe le château de... dont les abords offrent des difficultés à cause des barricades qu'on y a établies.	De rechter vleugel heeft het dorp... bezet, dat van schansen en paalwerk voorzien is; een kwartier verder is eene verschanste legerplaats opgeslagen, waarin de hoofd massa bivakeert, en nog een weinig verder links, op eene kleine hoogte, houd de linker vleugel het kasteel ... bezet, waarvan de toegangen door paalwerk verweerd wordt.	Der rechte Flügel hat das Dorf... besetzt, welches verschanzt und barrikadirt ist, eine viertelstunde davon links ist ein befestigstes lager aufgeschlagen, in welchem die Hauptmasse bivouaquirt, und noch etwas weiter links auf einer kleinen Anhöhe hält der linke Flügel das Schloss... besetzt dessen zugang ebenfalls durch barrikaden erschwert wird.
Le front de l'ennemi est-il défendu par quelques ouvrages?	Wordt de front van den vijand door eenige werken verdedigd?	Ist die Fronte des Feindes durch einige werke vertheidigt?
Oui, entre le village de... et le camp, on a construit un redan avec flancs, défendu par quatre cents hommes et deux bonches à feu.	Ja, tusschen het dorp... en het leger is eene wijkschans met flanken, welke door vier honderd man en twee geschutten verdedigd wordt.	Ja, zwischen dem D. ... und dem Lager ist eine flesche mit flanken gebaut und wird durch vier hundert Mann und zwei geschütze vertheidigt.
Le camp est entouré d'un fossé plein d'eau, de sept pieds de profondeur et six de largeur.	Het leger is door eene gracht van zeven voet diep en zes voet breed omringd.	Das Lager ist mit einem sieben fuss tiefen und sechs fuss breiten nassen graben umgeben.
Comment a-t-on rempli d'eau le fossé?	Op welke wijze heeft men de gracht met water kunnen vullen?	Wie hat man den graben mit Wasser anfüllen können?
On a fait une saignée au ruisseau qui coule à peu de distance du camp.	Men heeft eene afleiding van de beek gemaakt, die niet verre van het leger vloeit.	Man hat eine Ableitung aus dem Bache gemacht, der unweit des Lagers fliest.
Combien d'issues le camp a-t-il?	Hoeveel uitgangen heeft het leger?	Wie viele ausgänge hat das Lager?
Deux, l'une en avant et l'autre en arrière; toutes deux défendues par des traverses.	Twee van voren en eene van achter, welke beiden door loopgraven gedekt zijn.	Zwei, einen vornen und einen hinteren welche beide durch traversen gedeckt sind.
Par quels moyens le camp est-il encore renforcé?	Door welke middelen wordt het leger daarenboven nog versterkt?	Durch welche mittel ist das Lager sonst noch verstärkt?
A cent cinquante pas en avant du front de bandière, est un ouvrage à corne, défendu par huit	Honderd en vijftig passen voor den voorsten uitgang des legers is een hoornwerk, dat door	Hundert fünfzig Schritt vor dem vordern Ausgange des Lagers ist ein von acht hundert

Dixième dialogue.	Tiende gesprek.	Zehntes Gespräch.
cents hommes et dix pièces de canon.	acht honderd man en tien geschutten verdedigd word.	Mann und zehn geschützen vertheidigtes hornwerk.
Outre cet ouvrage, les abords du camp offrent encore des obstacles tels, qu'il serait difficile de les forcer sans essuyer de grandes pertes.	Buitendien zijn er nog veel hindernissen rondom het leger aangelegd, zoo dat het moeilijk is om het zonder groot verlies stormenderhand intenemen.	Ausserdem sind noch viele hindernisse um das Lager angebracht, sodas er schwer seyn würde, dasselbe ohne grosen Verlust zu erstürmen.
Quels sont donc les obstacles qu'on a établis aux abords du camp ?	Welke hindernissen heeft men rondom het leger uitgevoerd?	Was für hindernisse hat man um das Lager angebracht ?
On a creusé des trous de loup en avant; à droite et à gauche, on a posé de forts abatis; il n'y a que la partie en arrière qu... à l'exception du f..., soit dépourvue ...nstacles.	Op de voorderzijde heeft men wolfskuilen gegraven, rechts en links zijn dichte neêrvellingen gelegd, slechts de achterste fronte is, de gracht uitgezonderd, van alle hindernissen ontbloot.	Auf der vordern Seite hat man Wolfsgruben angebracht, rechts und links sind dichte verhaue gelegt, und nur die hintere fronte ist, den graben abgerechnet, von allen hindernissen entblösst.
..-t-on élevé aussi quelques ouvrages entre le camp et le château ?	Zijn tusschen het leger en het kasteel ook eenige werken aangelegd?	Sind zwischen dem Lager und dem Schlosse auch einige Werke erbaut ?
Oui, entre le camp et le château de ... se trouve une petite hauteur dont la pente en avant est douce, et un peu raide du côté opposé; on y a construit un ouvrage à trois fronts ouvert à la gorge, et dont le feu serait très efficace en cas d'attaque.	Ja, tusschen het leger en het kasteel van ... ligt eene kleine hoogte die van voren eene afhelling heeft, maar van achter een weinig stijl is; op deze hoogte heeft men een driehoekig werk aangelegd, dat van achter open is, en waarvan het vuur, in geval van eenen aanval, van de grootste uitwerking is.	Ja, zwischen dem Lager und dem Schlosse von ... liegt eine kleine Anhöhe, die sich nach vorn sanft, aber nach hinten etwas steil abdacht; auf dieser hat man ein dreiseitiges hinten Offenes werk erbaut, dessen feuer von der grösten Wirksamkeit ist im falle eines Angriffs.
Peut-on tourner cet ouvrage ?	Kan men dat werk omgaan?	Kann man dieses werk umgehen.
Pas trop, car bien qu'à une certaine distance du château se trouve un chemin creux par lequel on pourrait sans être vu, gagner les derrières de la position, les troupes seraient dans l'impossibilité de se déployer, parce qu'au dé-	Niet gemakkelijk, want ofschoon er op eenigen afstand van het kasteel een holleweg is, door welken men onbemerkt de rugzijde der geheele stelling kan bereiken, is het nochtans niet mogelijk, omdat zich de troepen niet kunnen	Nicht gut, denn obgleich in einiger entfernung vom Schlosse sich eine hohlweg befindet, durch welchen man ungesehen die rükseite der ganzen Stellung erreichen kann, so ist es doch nicht möglich, sich aus zu breiten weil am aus-

Dixième dialogue.	Tiende gesprek.	Zehntes Gespräch.
bouché du chemin, le terrain est très marécageux.	ontvouwen, daar de uitgang zeer moerassig is.	gange des Hohlwegs das Terrain sehr sumpfig ist.
N'y a-t-il pas de matériaux à proximité de ce chemin creux, pour remédier à cet inconvénient?	Zijn er in de nabijheid van den hollen weg geene hulpmiddelen om die hindernissen uit den weg te ruimen?	Befinden sich in der nähe des Hohlwegs keine Materialen, um diesem übel abzuhelfen?
Non, il faudrait prendre avec soi tout ce qui est nécessaire.	Neen, men zou de daartoe noodige hulpmiddelen moeten met zich voeren.	Nein, man müste die dazu nöthigen mittel mit sich führen.
A quelle distance s'étend la ligne des avant-postes?	Hoe verre strekken zich de voorposten uit?	Wie weit erstrecken sich die Vorposten?
On ne pourrait pas s'approcher à plus d'une demi-lieue sans être découvert.	Men zou zich de stelling niet op een half uur kunnen naderen, zonder bemerkt te worden.	Man würde sich der Stellung nicht auf eine halbe Stunde nähren können, ohne bemerkt zu werden.
A-t-on vue dans le chemin creux?	Heeft men uitzicht op den hollen weg?	Kann der Hohlweg eingesehen werden?
Oui, du château on y plonge, et de jour, il est impossible d'y rien exécuter.	Ja, van het kasteel, en bij dag zoude het onmogelijk zijn er iets op uittevoeren.	Ja, vom Schlosse aus, und am Tage würde es unmöglich seyn, auf demselben etwas auszuführen.
Combien compte-t-on d'ici au chemin creux?	Hoe ver is het van hier naar den hollen weg?	Wie weit rechnet man von hier bis zum Hohlwege?
Deux lieues et demie.	Twee en een half uur.	Dritthalb Stunden.
Connaissez-vous bien le chemin qui y conduit?	Kent gij nauwkeurig den weg, die er naar toe leidt?	Kennen sie den Weg dahin genau?
Oui, je l'ai parcouru déjà plusieurs fois.	Ja, ik heb dien reeds dikwijls doorloopen.	Ja, ich habe ihn schon mehrere male gemacht.

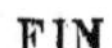

FIN.

TABLE DES MATIÈRES.

PREMIÈRE PARTIE.

RECONNAISSANCES MILITAIRES.

DEUXIÈME PARTIE.

DIALOGUES MILITAIRES.